INTRODUCCIÓN A LA

TEOLOGÍA *del*

NUEVO MUNDO

EL QUEHACER TEOLÓGICO EN EL SIGLO XXI

OSCAR GARCÍA-JOHNSON

Editorial CLIE
www.clie.es

EDITORIAL CLIE
C/ Ferrocarril, 8
08232 VILADECAVALLS
(Barcelona) ESPAÑA
E-mail: clie@clie.es
http://www.clie.es

Introducción a la teología del Nuevo Mundo: el quehacer teológico en el S. XXI
ISBN: 978-84-19055-13-2
Depósito Legal: B 17011-2022
Teología cristiana
General
REL067000

Oscar García-Johnson, profesor de teología y estudios 'latinxs', fue nombrado director general de diversidad, equidad e inclusión en Fuller en 2021. Anteriormente, asumió el liderazgo del Centro Latino de Fuller en octubre de 2015 como decano asociado y en 2020 fue nombrado decano académico del Centro para el Estudio de la Iglesia y la Comunidad Hispana (Centro Latino). Antes de unirse a la facultad de Fuller en 2008, enseñó durante diez años como miembro adjunto de la facultad en Fuller mientras servía como ministro regional con las Iglesias Bautistas Americanas de Los Ángeles durante 11 años y plantando cuatro nuevas iglesias en el sur de California.

Nacido en Honduras, García-Johnson emigró a los Estados Unidos cuando era joven para completar una licenciatura en ingeniería eléctrica. Mientras estaba en la universidad, se comprometió con Jesucristo y experimentó una conversión vocacional hacia los estudios filosóficos y teológicos, lo que le llevó a una vida que ha alternado entre la academia, la iglesia y la ciudad.

García-Johnson enseña en inglés, español y portugués. Su metodología de investigación entrelaza los estudios de/postcoloniales, las teologías clásicas y los estudios latinos/latinoamericanos de Estados Unidos en una hermenéutica crítica que él denomina "transoccidentalidad". Su próxima serie teológica en español, Teología del Nuevo Mundo, con la Editorial CLIE (Barcelona, España), es una obra innovadora en varios volúmenes que utiliza la decolonialidad, la doctrina cristiana y la teología práctica como discursos configuradores para formar al ciudadano global cristiano del siglo XXI en un mundo pospandémico. Otros de sus escritos son Spirit Outside the Gate: Decolonial Pneumatologies of the American Global

South (IVP Academic, 2019), Conversaciones Teológicas del Sur Global Americano(coeditado, Puertas Abiertas/Wipf & Stock, 2016), Theology without Borders: Introducción a las conversaciones globales, en coautoría con William Dyrness (Baker Academic, 2015), ¡Jesús, hazme como tú! 40 Maneras de Imitar a Cristo (Wipf & Stock, 2014), The Mestizo/a Community of the Spirit: A Latino/a Postmodern Ecclesiology (Pickwick, 2009). Ha contribuido a muchos libros y volúmenes, incluyendo Theologies of the Land (Cascades, 2020), T&T Clark Handbook of Pneumatology (T&T Clark, 2020), T&T Clark Companion to Political Theology (T&T Clark, 2019), The Encyclopedia of Christianity in the Global South (Rowman & Littlefield 2019), The Spirit Over the Earth: Pneumatology in the Majority World (Eerdmanns, 2016), The Gospel after Christendom: Nuevas voces, nuevas culturas, nuevas expresiones (Baker Academic, 2012), Vivir y servir en el exilio: Lecturas teológicas de la experiencia latina en los Estados Unidos (Kairos, 2008), y Pasando la Antorcha (Kerigma, 2005).

Además de impartir cursos en Fuller, García-Johnson participa en la justicia holística basada en la fe con Matthew 25 del Sur de California, LA RED y CCDA. Ofrece conferencias sobre el desarrollo del liderazgo y la teología y el ministerio decolonial en todo el continente americano (incluidos los Estados Unidos), Asia y África. Cofundador del proyecto Omega Geñeration, se ha comprometido a facilitar entornos ministeriales prósperos para los millennials latinos y las mujeres latinas.

Es miembro de la Fraternidad Teológica Latinoamericana, la Academia Americana de Religión y la Asociación para la Educación Teológica Hispana.

CONTENIDO

INTRODUCCIÓN

Nunca olvidaré una ilustración que mi pastor nos contó en una de sus lindas predicaciones dominicales. Me marcó entonces y me sigue instruyendo hoy, tres décadas más tarde. Se las relato a continuación.

Había un joven recién convertido al Evangelio que llegó a una iglesia muy reconocida y antigua. El santuario era espacioso e imponente. Los varones diáconos y ujieres y las damas recepcionistas vestían impecablemente. La adoración era majestuosa y avivada. Los sermones elevaban a la audiencia hasta el trono de la gracia de Dios, sujetándolos con el cordón de tres dobleces de la verdad bíblica.

El joven recién convertido sentía que cada vez que pisaba el templo y participaba de las actividades de la iglesia, entraba en un nuevo mundo, ajeno a lo que él había experimentado hasta aquel momento de su vida. El ambiente se sentía con muchas posibilidades para su crecimiento espiritual. Estaba sediento de Dios, hambriento de la Palabra, dispuesto a lo que sea para darse sin reserva a un Jesús que había conquistado su corazón con su amor y sus promesas de vida abundante. Buscaba toda oportunidad para estar en el templo y participar de las actividades de la Iglesia. Las hermanas y hermanos lo veían y susurraban: ¡Ah, está en su primer amor, ojalá así permaneciera siempre!

Pasaron las semanas y los meses, y el joven seguía cada vez más comprometido y entusiasta, buscando no perderse ninguna oportunidad de aprender y servir en lo que le dieran chance. Asistía los miércoles al estudio bíblico, los viernes al grupo de jóvenes, los sábados a la oración matutina y luego a las actividades de evangelismo. En los domingos nunca se perdía los dos cultos programados. Cuando había que trabajar en la remodelación de alguna área de la propiedad, él era uno de los primeros. Y cuando uno de los pastores necesitaba ayuda para mudarse de casa o cualquier otra ayuda, él se disponía rápidamente con el fin de estar cerca de ellos y aprender cómo ser un cristiano triunfante.

Aconteció que uno de los diáconos más antiguos e influyentes de la iglesia le comenzó a poner atención a aquel joven. Se le fue acercando, poco a poco, hasta ganar su confianza. Comenzó a discipularlo, uno a uno. Un día, el diácono le invitó a su casa para cenar y hablar de su futuro en la iglesia.

El joven aceptó sin reparo. No pudo dormir la noche anterior. Oraba, sin cesar, pidiéndole a Dios que le guiara por medio de aquel líder tan respetado y maduro. Llegó el día de la cena y el joven estaba 15 minutos antes de la hora esperando para tocar la puerta. Los minutos le parecían años y los segundos, horas. Al fin, llegó hasta la puerta y tocó con mucho tacto. Pero nadie contestó al principio. Insistió hasta que la puerta se abrió. La esposa del diácono le invitó a pasar y tuvieron una velada maravillosa. Luego, el diácono le invitó a pasar a la sala para platicar.

El corazón del joven parecía explotar. El diácono tomó la taza de café y en silencio lo miró por varios segundos. El joven no sabía qué hacer ni qué decir. Se preguntaba, ¿cuáles son los modales que uno debe tener en la casa de un líder así? Pues, estaba en la casa de uno de los lideres más importantes de su iglesia, de su nuevo mundo, de su familia eterna. Tenía temor de echar a perder aquel momento tan especial. Sus aspiraciones de ser útil en la iglesia, de servir de alguna manera relevante, pendían quizás de aquella conversación y traicionaban sus nervios. Deseaba saber, ¿qué era lo que el varón de Dios le iba a proponer? ¿Qué había visto en él que fuera digno y útil para ofrecerlo a los demás como un acto de adoración a Dios y servicio al pueblo de Dios?

Mientras decenas de pensamientos y sentimientos tropezaban en busca de sentido espiritual, el diácono fue bajando la mirada. Al instante se escucha la taza que choca con el plato y rompe el agudo silencio que arropaba aquel instante.

—Mira, hijo —irrumpe el diácono—, te he estado observando por varios meses y, bueno, me alegra mucho verte muy entregado en las cosas de Dios. ¿Sabes cómo se llama eso?

El joven le responde:

—No, señor.

—Se llama el primer amor —contesta el diácono.

El diácono vuelve a tomar la taza con sus dedos en forma de tenazas. Sube lentamente la taza y un ruido audible de pequeñas cascadas de agua emerge de repente, exorcizando el silencio en el cuarto que conspiraba con su inquisidor. Después de tomar el sorbo de café, clavó su mirada invencible nuevamente sobre el rostro del discípulo. Le preguntó:

—¿Sabes por qué se le llama el primer amor?

La pregunta tomó al joven por sorpresa. Pensó por un momento que aquello podría ser una prueba de su capacidad y conocimiento bíblico y por lo tanto no debía fallar en aquello tan básico si tenía aspiraciones de liderazgo. Su ritmo cardíaco comenzó a subir hasta producir gotas sudorosas que suplicaban misericordia. Palideció por un instante. Era su Getsemaní.

El diácono nunca bajó su mirada estoica. Sus expresivos ojos oscuros y misteriosos, con bolsas que se deformaban por la fuerza de la gravedad y las muchas memorias convocadas por una larga vida de servicio ministerial, daban la impresión de un juez que sabía todas las respuestas que su acusado podía ofrecer en su defensa y que nada podría impresionarle. Pero había que responder. El joven buscó desesperadamente en sus millones de neuronas y recorrió todos los archivos engañosos de su mente hasta encontrar algo útil. Vino a la memoria un pasaje fugazmente leído en sus primeros meses de convertido. Procedía del enigmático libro de Apocalipsis de San Juan y registraba la extraña combinación de una frase romántica dicha en un escenario de juicio escatológico: "primer amor". Le responde entonces el joven:

—¿Por el Apocalipsis?

El diácono hizo un gesto ambiguo, mientras desposeía la taza de café de sus últimos depósitos de aguas negras.

—De ahí viene —contestó el diácono—, pero a lo que me refiero es algo más bien práctico. Tiene que ver con la manera de conducirse dentro de la iglesia. Mira, hijo, yo llevo muchos años sirviendo a Dios. ¿Tienes alguna idea cuántos?

—No tengo idea, señor, pero me imagino que muchos y todos en la iglesia lo respetamos.

—Tengo treinta años de servir al Señor en esta iglesia. Llegué apenas cuando los pastores tenían siete personas. Era una misión. Y como tú ahora lo haces, yo también me di enteramente a esta obra. Hoy puedo decirte que he aprendido algunas cosas de la vida cristiana y el liderazgo. Y deseo darte un par de consejos. Si está bien contigo.

De inmediato el joven cambió su semblante. Movió la cabeza ligeramente asentando un sí. Sonrió y abrió su corazón como las flores más joviales abren sus pétalos para dejarse poseer por los primeros rayos del alba. Pensó, «Al fin viene aquello por lo que Dios me trajo hasta acá. La lección de una nueva vida por un sabio diácono al cual mucha gente admira».

—Te puede parecer extraño lo que te diré —continuó el diácono—, pero deseo verte crecer y no caer. No corras, no te apures, no te emociones mucho y no quieras hacerlo todo para todos, bájale las revoluciones de tu motor para que dure mucho tiempo. ¡Se te va a acabar la energía de la fe, muchacho, en la primera subida de la cuesta!

El joven escuchó aquellas palabras de su nuevo mentor, pero no logró hacer sentido de ellas. Aquellas palabras contradecían todo lo que él era en ese momento de su vida y desmentían la imagen de un sabio cuya tarea debía ser solo incrementar las revoluciones de su motor, no disminuirlas, ayudarlo a subir la cuesta más rápidamente y llegar hasta la cima como vencedor en tiempo récord. Mientras trataba de entender cuál sería el significado de aquel mensaje, entró en un lapso de silencio íntimo que se perdía en la oscuridad de una desilusión. Allí, en la casa donde debía encontrar su luz. El chico tomó el vaso de agua que permanecía hasta entonces intacto y se lo bebió de una, para pasar el trago amargo.

El diácono notó un cambio en el rostro del joven. Y continuó su discurso.

—He visto a muchos como tú venir a los caminos del Señor, hijo, y a muchos y muchas quemarse en el camino sin haber realizado sus sueños. O bien, con el tiempo, se vuelven cínicos y viven de una manera mediocre en ambos mundos: adentro de la comunidad de fe y afuera. No logran ser exitosos en ningún lugar. Porque comienzan efervescentes como la espuma de una Coca Cola agitada por manos juguetonas, para terminar como un agua azucarada sin gusto a la Coca Cola tradicional. Así, terminan vacíos, fríos y apagados en la fe. Mi consejo es que te tomes las cosas en serio, pero con calma. Claro que hay que vivir el primer amor y esto, en un comienzo, se hace por medio de las emociones y el entusiasmo, pero luego hay que moverse a otra etapa y mantener el primer amor silenciosamente con la razón y la disciplina que trae constancia, sabiendo que las tradiciones y costumbres de nuestra iglesia tienen mucho tiempo y para mantenerlas vigentes y vivas también toma mucho tiempo. Yo no digo que ha sido fácil para mí, pero como dice 1 de Samuel 7:12: ¡Eben-ezer, hasta aquí nos ayudó el Señor! Así que escúchame, hijo, no corras porque te vas a caer y no quemes el motor de tu fe, porque te vas a quedar a medio camino y, Dios no lo quiera, o te apartas de los caminos del Señor o te vuelvas un cínico más añadido a la lista de los miles que dicen ser gente comprometida, pero viven su fe a medias.

El joven, estremecido por la inesperada lección de vida cristiana, inclinó su rostro y no pudo contener las dos lágrimas que le brotaron, una por cada mejilla. Eran los primeros desbordes violentos de agua que abrían los surcos de un alma ingenua que se creía estar en un Edén, pero se encontraba fuera de él. Cuando le volvió la voz le contestó.

—Hermano, perdóneme, es que me tomó por sorpresa su plática. Deseaba mucho escucharle y compartir con usted esta noche. Gracias por la cena y sus consejos. Para mí todo esto de la fe es nuevo, maravillosos y emocionante. Es un nuevo vivir. Es un nuevo mundo. De donde yo vengo, tenemos que darlo todo mientras tengamos vida, sino si se para el motor y se acaba el ánimo. No hay puntos medios, solo subidas y bajadas. Pero voy a considerar sus consejos, hermano. Y ruego a Dios que me dé fuerzas para aprender a levantarme, cuando caiga. Y cuando se funda el motor de mi fe, ruego a Dios que me dé valentía para volver a convertirme a los caminos de Jesús.

¿Por qué una teología del Nuevo Mundo?

Ahora yo, con las tres décadas de experiencia del diácono de la historia, pienso en retrospectiva y me pregunto si la razón por la cual esta ilustración me impactó tanto era porque me identificaba con aquel joven ingenuo y entusiasta que aspiraba a vivir una fe renovadora siempre renovándose en medio de un espacio eclesial tradicionalista siempre retornando a su época de oro. Esto también alude a un choque generacional, una generación cuya teología y pastoral se envejece sin atención al nuevo *tradicionar* y otra generación cuya teología y pastoral renace constantemente sin atención a las tradiciones del pasado. Vivir en medio de esta tensión sin tornarse un cínico es poco menos que un milagro. Pero renovar la fe y la teología parece ser parte de mi ADN. Es congruente con mi vida pastoral y, quizás, hasta un destino en ambos sentidos de la palabra en castellano (propósito de vida y punto de llegada). La primera iglesia donde asistí se llamaba Nuevo Vivir. Luego Plantamos tres iglesias con mi esposa que tenían en sus nombres "Renacer". Y por último plantamos una cuarta iglesia cuyo nombre incluía "Renovación".

Ahora que pienso en retrospectiva, se me ha hecho difícil seguir el consejo de aquel diácono sabio de nuestra ilustración: calmarme en medio de un mundo convulsionado por el pecado original y originador (capítulo 5), disminuir la revoluciones del motor de la fe en un mundo colonizado y dominado por una maquinaria occidental de armas ideológicas de destrucción masiva.[1] ¿Cómo vivir calmado e indiferente a la violencia sistémica de un continente-mundo donde los sistemas dominantes que autorizan y rigen la vida diaria de los pueblos opera a través de una maquinaria que ha caricaturizado a Dios? Entre otras surgen caricaturas de Dios que contradicen la experiencia de vida de su pueblo: un Dios calmado ante un mundo sufriente, un Dios lujoso ante un mundo empobrecido, un Dios estoico ante un mundo sentimental, un Dios envejecido ante un mundo que irrumpe con nuevas generaciones, un Dios indiferente a los problemas sociales, raciales, ecológicos y de abuso de género ante un mundo cuyas gentes mueren antes de su tiempo.

En fin, un Dios del Templo acomodado a la vida litúrgica y cultual de un santuario, coliseo o catedral mientras su creación y mundo convulsiona a razón de genocidios, injusticias económicas y raciales, pandemias mundiales me parece un dios ajeno al Dios de la Biblia. Lo veo más bien como una caricatura de Dios usada por iglesias, denominaciones, tradiciones, diversas confesiones fe, ideologías fundamentalistas y redes de iglesias que, a través de las edades, han buscado la manera de presentar un dios elitista a su tiempo y su audiencia minoritaria. Pero

---

[1] Aquí estoy aludiendo al concepto político-filosófico del sociólogo alemán-latinoamericano Franz J. Hinkelammert como lo desarrolla en su escrito *Las Armas Ideológicas De La Muerte,* (Ediciones Sígueme, 1978).

estas caricaturas de Dios no representan las experiencias más maduras ni los rostros más completos del Dios creador de los cielos, la tierra y sus habitantes. No podemos, ni debemos, seguir adelante con la fe y con la iglesia si nuestro Dios no tiene el tamaño, el compromiso, el amor, la justicia, el poder y las credenciales del Dios encarnado en la persona de Jesús de Nazaret y sus comunidades mesiánicas. O es el Dios creador y sustentador de todo el mundo, no solo del Occidente o del Oriente y sus élites privilegiadas, o ese dios es otro, un dios anti-vida y anti-bíblico y enemigo de todos/as nosotras/os.

Doy gracias a Dios por todas mis herencias y formaciones teológicas y eclesiales. Doy gracias a Dios por mi formación católico-romana, la cual en mi infancia me ayudó a crecer. Junto con Anselmo, Agustín de Hipona y el monje agustiniano y reformador Martín Lutero, aprecio *una fe siempre en busca de entendimiento,* la cual me trajo al amor de Dios. Doy gracias a Dios por mi formación reformada, la cual me ayudó a crecer a través de mis años de secundaria (y prepa). En ella aprendí el valor de *una fe reformada siempre reformando* y el compromiso del estudio de la Palabra de Dios. Doy gracias a Dios por mi formación pentecostal, la cual me ha sostenido espiritualmente a través de los desafiantes estudios filosóficos, teológicos y culturales en mis años de estudio académico estadounidense. En ella aprendí *una fe renovada siempre renovando* y el compromiso del servicio en la iglesia y la fiesta del Espíritu en el culto y la cultura. Y doy gracias a Dios por mi formación bautista americana, la cual me ha dado el espacio ministerial para pastorear, teologizar y hacer misión por medio de *una fe ecuménica siempre dialogando.* En ella aprendí a liderar sin dominar y misionar sin colonizar.

Todas estas tradiciones habitan en mí aún y, por gracia y obra del Espíritu, siguen forjando en mí "la fe no fingida" (2 Timoteo 1:5) de las herencias occidentales, pero todas ellas están sujetas y sometidas dentro de mí, por gracia y obra del Espíritu Santo, "al fuego avivador del don de Dios" (2 Timoteo 1:6) a razón del cual soy llamado, sin yo merecerlo o aun comprenderlo, a enseñar también a otros y otras (2 Timoteo 2:2) esta teología del Nuevo Mundo.

Hay tres razones principales por las que esta serie se titula *Teología del Nuevo Mundo.*

Primera razón: "nuevo mundo" fue el nombre categórico que se le dio a Abya Yala cuando la empresa colonizadora ejecuta su función colonial. Fue un invento colonial de una Europa que descubre la ruta al Atlántico y llega a una tierra y gentes que no se encontraban en sus mapas ni imaginaciones filosóficas y teológicas. No sabiendo qué hacer con este nuevo conocimiento, porque solo existían tres continentes en los conocimientos europeos del medievo (Europa, África y Asia) ahora se inventan una nueva categoría cartográfica y teológica "nuevo mundo" para indicar varias cosas: (1) un mundo que no tiene historia (ni pasado ni lenguaje ni conocimiento), (2) un mundo vacío, desocupado y libre para ser ocupado y poseído, (3) un mundo que no tiene religión y por ende sus habitantes no tienen alma/espíritu y no son del todo humanos sino salvajes, seres bestiales y monstruos. Pero luego, gracias a los esfuerzos de misioneros defensores de los derechos indígenas (Montesinos y Las Casas), llegan a ser vistos como "bárbaros" que deben ser civilizados y cristianizados.

Segunda razón: A partir de la conquista y al orden colonial en el "nuevo mundo" de Europa, de hecho, sí surge otro nuevo mundo. Las naciones indias luego transformadas en ciudades, metrópolis y naciones estado hasta llegar a ser las repúblicas americanas mestizas gobernadas por las castas criollas hasta el día de hoy. Nuestros mestizajes y creaciones propias surgieron en medio de la dominación de Occidente y hemos vivido occidentalmente en un mundo nuestro que antecede (premoderno) a la colonia y modernización y a la vez incluye al Occidente moderno (así nos vemos), pero a la vez los resiste a ambos. Como dice Octavio Paz "el mexicano no quiere ser ni indio ni europeo... se vuelve así un hijo de la nada, un ser abstracto...". Esta es la crisis de identidad en la que nos hemos formado. Hijos, no tanto de la nada (aquí yo critico a Octavio Paz), sino hijos de nuestras propias *descreaciones*, o sea, nuestras propias creaciones que aún no tienen nombre sino que viven como aspiraciones, utopías y quijotismos.

Tercera razón: Pero hay un tercer "nuevo mundo" (un mundo mundializado no solo occidentalizado) que irrumpe en el siglo XXI, durante la pandemia mundial COVID-19 en el 2020. Este nuevo mundo pos-COVID-19 evidencia la transformación de varios espacios locales y globales de vida pública por medio de una crisis de salud ingobernable, una serie de protestas y revoluciones mundiales en contra del racismo, sexismo, colonialismo detonado por los abusos sistémicos del aparato policial y jurídico de los Estados Unidos en contra de la comunidad afro-americana y negra. El nuevo mundo pos-COVID-19 obliga al estado, al sector privado y al sector religioso a ubicarse de lleno en la plataforma virtual y se solidifica de una vez por todas la sociedad informática y el capitalismo informático (info-capitalismo). Los tecnócratas de Silicon Valley (California) llegan a mostrar su gran poder mundial, aun sobre el estado de derecho, cuando en enero del 2021 compañías de la estura de Apple, Google y Twitter prohíben el uso de sus plataformas nada menos que al presidente en turno de los Estados Unidos de América, Donald Trump, acusado de sedición y de agitar las masas violentas para allanar el Capitolio de Washington, D.C. el 6 de enero del 2021. La academia, la iglesia y el espacio público perfeccionan sus operaciones en las plataformas virtuales y redes sociales para hacer negocios, ministerio, vida y revolución de maneras novedosas. La teología y el ministerio, hasta ahora arraigada en un Occidente ilustrado y fosilizado en libros de textos, salones de clases, sermones e himnos templo-centrados, se ven forzados a responder transformando sus formas litúrgicas y culturales además de sus operaciones e infraestructuras a medios mucho más fluidos, polivalentes, domésticos, populares y proféticos. Hemos ahora aterrizado al mundo de las generaciones mileniales y Zetas. Ellas dominan estos espacios digitales y tienen imaginarios sociales diferentes, menos fieles al pasado y más des/poscoloniales. Ante un mundo nuevo y cambiante en sus formas y estructuras más fundamentales, una minoría de actores en el campo de la política, economía, cultura, educación, religión y ministerio se aferran a una ideología nativista y de restauración occidental que conjuga ideologías de raza, nacionalismos económicos y fundamentalismos cristianos fascistas a fin de mantener el viejo mundo vivo en el nuevo mundo pos-COVID-19.

Nuestra colección *Teología del Nuevo Mundo*, busca andar por los conductos traficados de este nuevo mundo pos-COVID-19 que colapsa con el viejo mundo occidentalizante. Teología del Nuevo Mundo es un sistema rizomático (no una sistemática) que busca trazar los mapas de la fe del pueblo que sigue a Dios y del Dios que camina con los pueblos de este Nuevo Mundo. Teología del Nuevo Mundo, como lo veremos en el último capítulo de esta introducción, busca reconstruir un lenguaje autóctono y un marco teológico artesanal que, desde adentro, afuera y transfronterizamente acompañe y evoque las experiencias, tradiciones, visiones y anhelos de las gentes y pueblos del Sur Global

Americano que por cinco siglos han vivido cautivos entre dos mundos, pero que hoy encuentra un tercer mundo que abre sus horizontes en una nueva época y desde un nuevo lugar.

Un mapa de lectura para el camino

Este libro es el primer volumen, de la colección Teología del Nuevo Mundo, que tiene como objetivo introducir la visión general del quehacer teológico del Nuevo Mundo y su ubicación social y cognitiva. También, busca proveer el lenguaje integrador y una metodología para dicho quehacer. La colección contiene cinco volúmenes con enfoque doctrinal y dos manuales que buscan desarrollar competencias teológicas y ministeriales. En su conjunto esta colección puede considerarse un juego de herramientas que desarrollan las capacidades cognitivas y prácticas para una pastoral en nuestro siglo XXI. El lector podrá experimentar este primer volumen como parte de una jornada nueva y a la vez con escenarios familiares. Dicha jornada tiene muchas calles pequeñas, algunas muy angostas y en las que nos debemos conducir despacio y otras muy amplias que nos tentarán a correr.

El primer capítulo es autobiográfico, poético, disruptivo, resurgente y sintético. A la vez que hablo de mí mismo, también hablo de muchas otras personas que viven en mundos similares. Para entenderlo sería bueno primero saborearlo, esto es, *leerlo con el corazón* dejándose llevar por las metáforas, retóricas y visiones paradójicas. Luego habría que pensarlo, o sea, *leerlo con la razón* siguiendo con cuidado las argumentaciones disimuladas en las construcciones poéticas y teológicas. Sería muy útil para el/la lectora preguntarse, ¿cómo escribiría yo misma una pieza biográfica y poética acerca de mi identidad teológica y cultural? Este ejercicio nos obliga a ubicarlo todo, repensarlo todo y darle sentido a los sinsentidos, tendencias y hábitos que tenemos todos y muchos ni nos damos cuenta.

El segundo capítulo, es más expositivo y analítico y busca documentar la problemática continental desde los fenómenos religiosos y políticos entrelazados en ese espacio plural y maravilloso que yo llamo el Sur Global Americano. El/la lectora podría beneficiarse de esta sección leyéndola con preguntas tales como, ¿cuál es la relación de la fe con los tejidos culturales y políticos? ¿Cómo estos están entretejidos y qué nos ha dejado ese tapiz y hacia dónde nos está guiando? ¿Cómo mis tradiciones doctrinales y prácticas religiosas son o no parte de un patrón de conducta nacional, regional, transnacional, iberoamericana o panamericana? Un ejercicio muy apropiado sería preguntase y escribir un ensayo sobre, ¿cuál es mi doctrina cultural y política de latinoamericana y cómo lo escribo como un creyente? ¿Cuáles son mis fuentes, influencias, tradiciones, visiones y ambiciones? ¿Cuán latinoamericano/latino(a)unidense es mi protestantismo o catolicismo o pentecostalismo? Y, ¿cuán protestante o católico o pentecostal es mi latinoamericanidad/latinidad?

El capítulo tres nos lleva a la interrogación descolonial, al meollo del asunto, y busca documentar las tendencias que surgen de espacios colonizados/modernizados/occidentalizados. No se ofrece un culpable y una víctima, todos/as hemos participado del patrón colonial del poder. Sino fuera así no existiría todavía después de 500 años. A la vez, hay concentraciones de poder, con distribuciones injustas de recursos humanos y fuentes de vida ecológica, en manos de sectores específicos de la sociedad que controlan la vida, la tierra y las personas desde espacios de privilegio e influencia material y simbólica. Esto incide en la forma de ser patria, cultura, institución, familia, iglesia, empresa privada o servicio público. Se mostrará que todas estas expresiones del ser y vivir colectivo están codificadas colonialmente, por ende, si no se descodifican, seguirán el rumbo prescrito por el sistema-mundo de la modernidad colonial. La propuesta es de una fe crítica que debe asumirse y guiarnos a rastrear el problema hasta encontrar su raíz, lo que implica muchas veces un viaje riesgoso por la profunda cueva del conejo (going down the rabbit hole). Las cuatro ataduras coloniales se ofrecen de forma paradigmática para darle nombre, textura y rostro a las maneras coloniales en que hemos construido nuestra identidad cristiana, iglesia, ministerio y mundo. Aquí sería beneficioso para el/la lectora auto-evaluarse en base a las cuatro ataduras coloniales. Si fuéramos a evaluarnos, ¿qué elementos de cada atadura han sido parte de nuestra experiencia cristiana? ¿Qué porcentaje de colonialidad tendríamos en cada elemento que hemos identificado? ¿De qué forma podríamos imaginarnos descolonizados, desprendiendo las cuatro ataduras? Si fuéramos a trabajar con un grupo selecto de líderes de nuestras iglesias u organizaciones cristianas, ¿cómo presentaríamos un taller de descolonización de la mente y del ministerio de forma que no espante a nuestra audiencia antes de ofrecerles un cambio substancial? ¿Por dónde comenzaríamos y qué ejercicios crearíamos para desaprender y reaprender?

El capítulo cuatro nos lleva a la pregunta, ¿por qué no se ha producido una teología sistemática propia del Sur Global Americano? Provee resultados de estudios etnográficos y análisis temáticos con audiencias académicas y líderes mileniales de ambos espacios continentales, América Latina y Estados Unidos. Este capítulo desea llevar al lector al compromiso epistémico, al desafío de decirle sí a Dios y a su pueblo en cuanto a alistarse a la producción propia de la teología *nuestramericana* del Nuevo Mundo. Se golpea el pudor cultural de las Américas, no con el azote colonialista, sino al contrario con el golpe en el hombro del despertar descolonial para interrogar los siglos de aparente infertilidad teológica y geopolítica. Hay una serie de preguntas, dentro del capítulo, que pueden beneficiar al lector/a para asumir su protagonismo en la gran nube de testigos del teologizar latinoamericano/latino(a)unidense.

El capítulo cinco puede considerarse como la presentación formal de la teología del Nuevo Mundo. Incluye la argumentación del proyecto teológico, su agenda, una terminología básica y luego un esbozo del método teológico transoccidental. Se propone una modalidad *rizomática nuestramericana* que busca superar las deficiencias cognitivas y éticas, teóricas y prácticas, de la sistemática noroccidental. La *rizomática nuestramericana* busca rastrear el itinerario propio de la fe, en lugar de imponer otro régimen epistémico de sistemática noroccidental. Se explica cómo y por qué el posicionamiento transoccidental nos sirve para re-teologizar las Américas por medio de cuatro re-formas continentales: cultural, educativa, religiosa-geopolítica y pública. La matriz transoccidental, desde la fe crítica, busca superar el Patrón Colonial del Poder, traspasando las fronteras canónicas del Occidente y redescubriendo las tradiciones propias. El/la lector/a se podría beneficiar de este capítulo haciendo un ejercicio auto-evaluativo. O sea, auto-posicionándose de tal forma que pudiera preguntarse lo siguiente a la luz de la propuesta teológica transoccidental y en calidad de líder cristiano o docente: ¿cómo re-escribiría mi visión, función, misión y agenda pastoral? ¿Qué fuentes teológicas y doctrinales serían las más y menos influyentes para hacer mis sermones o talleres o presentaciones de ahora en adelante? ¿Qué aspectos de la función y estructura ministerial trataría de reformar o descontinuar y por qué? ¿Cómo involucraría a los/as miembros o compañeros/as de la comunidad (iglesia) y aun a los/as críticos y detractores de mi ministerio en este proceso de reconstrucción ministerial y misional? Finalmente, ¿cuál sería mi visión de transformación social, cultural, citadina y aun mundial de manera que no repitiera acríticamente los programas ideológicos destructivos de la derecha (conservadurista) o izquierda (progresista)? Así se culmina este primer volumen y nos preparamos para la temática a desarrollarse en los próximos volúmenes de la colección *Teología del Nuevo Mundo*.

Para finalizar esta introducción, es menester que yo anticipe al/la lector/a que se encontrará con un *nuevo mundo* no solo de ideas teológicas, pero también de creaciones del lenguaje. Por ello, he considerado necesario un glosario con conceptos claves (después del epílogo) que busca ayudar al/la lector/a a navegar por los conceptos desconocidos, difíciles y vitales para el entendimiento del material.

A pesar de todo mi esfuerzo por presentar un material relevante, autóctono y legible sabemos que la abundancia, casi obsesiva, de neologismos y transgresiones lingüísticas, al igual que disciplinarias, muy fácilmente pueden distraer o bien enfadar a quienes se ajustan rígidamente al régimen de las reglas gramaticales, ortográficas y sintácticas de la Real Academia Española. Pido disculpas a todos y todas. ¡Perdón! Les confieso que bregar con las limitantes de los lenguajes coloniales, forjados con una epistemología, historia, filosofía y semántica moderna, patriarcal y heleno-céntrica es una batalla colosal. Más nos lanzamos por fe, así como le tocó al apóstol Pablo y a María de Nazaret, también nos toca a nosotras. Pues ellos tuvieron que hacer vida transgrediendo los lenguajes de los imperios en turno para servir a sus comunidades y comunicar las Buenas Nuevas. Su vida en la colonia judía, del primer siglo, tenía que bregar con cuatro lenguajes como mínimo: hebreo, arameo, griego koiné y latín imperial. Sus testimonios nos recuerdan que los idiomas son un regalo del Espíritu de Dios (Génesis 11 y Hechos 2) y existen para nuestro beneficio y no nosotros para el beneficio de ellos.

CAPÍTULO 1

—Soy americano/a/x —

Presentarnos es un acto de cortesía y las teólogas/os no estamos exentas. También es un acto epistémico porque quienes somos y donde vivimos informa ineludiblemente lo que investigamos, pensamos, decimos, escribimos y hacemos. Pero más que todo, presentarnos constituye un acto de humildad cognitiva porque nos abrimos, nos auto-revelamos e invitamos a nuestra audiencia a participar de las experiencias personales más viscerales de nuestra vida. Cuando nos presentamos, cada uno se presenta en su estilo y habla en su tono y con su acento característico. Vivir en la diáspora me ha enriquecido de muchas maneras y a la vez me ha desafiado a ser más consciente de quien soy como ciudadano del Sur Global Americano. Permítanme, entonces, presentarme.

> *Yo soy un hombre sincero*
> *De donde crece la palma,*
> *Y antes de morirme quiero*
> *Echar mis versos del alma…*
> *Yo vengo de todas partes*
> *Y hacia todas partes voy:*

23

Arte soy entre las artes,
En los montes, montes soy.

(José Martí, Versos Sencillos, 1891)

Soy un teólogo de la vida que habla con personas, y de personas, en un mundo creado por Dios y nosotros. Uso ideas, palabras, sentimientos, circunstancias, memorias y aspiraciones, pesadillas y sueños en el verso teológico de bien vivir.

Soy un teólogo de conjunto hecho en la diáspora latinx cuya voz aprende a hablar desde las iglesias de gente de color, las universidades teológicas occidentales blancas, los intelectuales latinoamericanos/as críticos, las intelectuales artesanales de los barrios de…

Gente sin estatus porque el gobierno no tiene sus datos,
Gente que vive en albur porque vienen corriendo del sur,
Gente sin visa porque tienen que andar a prisa,
Gente sin influencia por culpa de la ciencia,
Gente indeseable por verse desechable,
Gente que es 100% gente y sostiene al 1% indecente.

(García-Johnson)

Hablo con verso latino y uso los textos andinos. Con-verso desde diferentes lugares y tiempos y comunidades y circunstancias concretas. Riño con poesía de lucha desde una comunidad inmigrante perseguida y amenazada por el virus de la xenofobia blanca estadounidense. Esta pandemia nacional, transnacional, multinacional, ha durado 400 años en esta región y ha contagiado a mucha gente, incluso a muchos de la comunidad latina y negra y asiática y nativa americana que han sido infectadas con el virus letal de la supremacía racial blanca.

El verso latinx habla con la historia al revés. Juega ajedrez con chapas de Coca Cola. Celebra la eucaristía en la tienda de la esquina. Y juega fútbol dentro de Starbucks. Su caudillo es la Niña Inquieta de la Santísima Trinidad.[2]

---

[2] Traducción personal de "The Wild Child of the Trinity", que es una alusión al Espíritu Santo, la tercera persona de la Trinidad, como se articula en Loida I. Martell-Otero,

Soy un malhablado del castellano colonial porque mezclo las gramáticas estáticas e invento conceptos insólitos que dan cólicos a los *gramato-hólicos* ineptos. Mezclo los acentos boricuas, cubanos, catrachos, argentinos, brasileños, norteños mexicanos y colombianos y hago una mezcolanza que danza al son de la bonanza, caramba. Soy un grosero del inglés imperial porque no hablo inglés con el acento natural de Maine o de New England o del Pacific Northwest o del white California o del Midwest o del Sur o de Hawaii o de New Orleans.

Soy un americano americanicanista. Soy bárbaramente americano con el tipo de barbarie que americaniza al civilizador europeizante. Y me siento americano porque me siento de muchas tierras de América, de la América original y de la América nueva. De Sur América, de Centro América, del Caribe, de México, Canadá y Estados Unidos de América y de las diásporas del Sur Global Americano, de las amazonias y los andes y de las fronteras que no tienen dueño. Me siento americanx porque siento mi sangre mestiza e indígena y negra y blanca y marrón y andaluza.

> *Soy...*
> *el hermano oscuro*
> *Me hacen comer en la cocina*
> *Cuando llegan visitas*
> *Pero me río,*
> *Y como bien,*
> *Y me pongo fuerte*
> *Mañana*
> *Me sentaré en la mesa*
> *Cuando lleguen visitas...*
> *Verán lo hermoso que soy*
> *Y tendrán vergüenza —*
> *Yo también soy América.*
> *Langston Hughes, "I, too" (Traducción por Jorge Luis Borges)*

Soy un teólogo del Espíritu, no espiritualizado ni espiritista. Vivo rastreando los pasos del Espíritu en el cosmos, Madre Tierra y fuera del Templo.

Zaida Maldonado Pérez, and Elizabeth Conde-Frazier, *Latina Evangelicas: A Theological Survey from the Margins* (Cascade Books, 2013).

25

Soy un teólogo *rizomático carismático*, no por ello asistemático y aunque pragmático no soy antipático. Camino sobre las ideas y palabras liberadoras, debajo de las historias y memorias opresoras, en el borde de los conocimientos descolonizadores en el jardín de los senderos del conocimiento que se bifurca y enriquece con las sabidurías ancestrales, ciencias propias de las Américas y redescubrimientos sanadores de Dios en las venas abiertas de nuestros pueblos. Camino a tientas empujado del viento del Espíritu por los pasos perdidos de Tawantinsuyu (Sudamérica), Anahuac (Mesoamérica), Ayi'ti (el Caribe).

Soy como el maestro hebreo cuyo penoso oficio es "conocer la sabiduría y el saber, la locura y la necedad... atrapar vientos" (Ecl 1:17 BJ) y caminar detrás del Espíritu de la vida en las memorias ignoradas, presentes desafiantes y futuros inciertos de las gentes y tierras americanas. El verso teológico latinx es un oficio penoso de atrapar vientos, un oficio emocionante que sigue detrás de la Niña Inquieta de La Santísima Trinidad. Ese verso llora y hace llorar porque su indigencia le hace viajar diariamente por las dolorosas repúblicas[3] de América Latina sin que "ni aun de noche descanse la mente" (Ecl 2:23). Pero el verso que llora también es verso que ríe y hace sonreír porque recuerda y revive la fe en Dios; fe cautiva que *siembra con lágrimas y con regocijo sueña segar. Va andando y llorando cual portadora de la preciosa semilla. Mas se ve volviendo con regocijo, trayendo sus gavillas* (Salmo 126:5-6, parafraseo propio).

Soy de la tierra del banano. Vientre húmedo, fértil y verde en la cintura de las Américas. Como la de Martí, la mía también fue cuna de "palmas y reyes". Por lo menos así la retrata el novelista norteamericano O. Henry a fines del siglo XIX que con mortales presagios dice de Honduras:[4]

Tomada y retomada por ladrones de la mar, por las potencias adversas y por la revuelta brusca de las facciones rebeldes, las históricas 300 millas de costa de aventuras apenas ha conocido por cientos de años a quien con razón llama su amo. Pizarro, Balboa,

---

[3] Referencia al ensayo de Jose Martí, *Nuestra América* (Biblioteca del Congreso de la Nación, 2019).

[4] Título de la novela que acuñaría el nombre "banana republic" a Honduras. Luego dicho nombre sería usado como etiqueta distintiva, aunque derogatoria, en referencia a los países latinoamericanos productores de banana. Véase O. Henry, *Cabbage and Kings* (Doubleday, Page and Company, 1915), Loc. 132.

Sir Francis Drake y Bolívar hicieron lo que pudieron para hacerla una parte de la cristiandad...[5]

Soy de una "re-pública" que nunca ha sido "pública". Tierra independiente, tierra fértil, cuna de palmas y reyes han sido una especie de frutas exóticas que se dan en mi tierra, pero no se consumen allí. Se venden luego como frutas exóticas de Occidente a las gentes de las repúblicas de las Américas. Es un ilusionismo, que digo, es un milagro del cielo azul del Norte mítico como lo reza Neruda:

*Cuando sonó la trompeta, estuvo
todo preparado en la tierra,
y Jehová repartió el mundo
a Coca-Cola Inc., Anaconda,
Ford Motors, y otras entidades:
la Compañía Frutera Inc.
se reservó lo más jugoso,
la costa central de mi tierra,
la dulce cintura de América.
Bautizó de nuevo sus tierras
como "Repúblicas Bananas,"*

Pablo Neruda, "Canto General" (1950)

Soy un teólogo de la república banana. Tierra, pueblo e identidad entrelazan en mis sueños (utopías) y pesadillas (distopías). Utopía es un futuro imaginado, deseado, ordenado, emancipado. Distopía es ese proyecto colapsado por fuerzas y circunstancias indomables. En mi historia, y la de mucha gente latinoamericana, abundan la utopía y distopía. Soy un inmigrante que descubrió la importancia de la tierra, pueblo, historia e identidad porque cuando las buscó no las encontró donde vivía. Y surgió el sentir del exilio extraño y solitario.

Soy un des-preguntón que usa el pensamiento crítico para *des-preguntar* las preguntas mal hechas. ¿De derecha o de izquierda? ¿De arriba o de abajo? ¿Blanco o negro? ¿Cristiano o católico? ¿Conservador

---

[5] O. Henry, *Cabbage and Kings*, Loc. 173.

o liberal? ¿Iglesia o mundo? ¿Inglés o español? ¿Carnal o espiritual? ¿Culto o inculto? ¿Biblia o justicia social? ¿Santo o profano? ¿Evangelizar o estudiar? Si hubiera un grado superior de PhD –doctorado filosófico en Tontería Sistemática– podríamos usar estas preguntas para delinear algunos cursos del pensum.

Soy un transoccidental. *Trans-occiden-tal*: vocablo del Nuevo Mundo *nuestroamericano* que se refiere a fulanos/as de tal que son de aquí y de allá. Población flotante incapaz de definirse por los estándares normativos del Noroccidente, blanco, masculino, capitalista o socialista, nacionalista, denominacionalista o fundamentalista. Dícese de las seguidoras del Espíritu Fuera del Templo que trans-itan por las vías desconocidas de los entrecruces e intersecciones altamente traficadas del mundo mundializado. La gente trans-occidental trans-ita y vive el:

Occidente por debajo,
Occidente por afuera,
Occidente por adentro,
Occidente al revés,
Occidente después.

(García-Johnson)

Soy un teólogo trans-occidental que trans-mite ideas teológicas del antes y más allá de Occidente moderno euro-centrado. Un Occidente occidentalizante:

De hábitos coloniales,
De espíritus nacionales,
Con consecuencias epistémicas letales,
Para los pueblos marginales.

(García-Johnson)

El teologar trans-occiden-tal no es una manía anti-occidental ni una conducta pre-occidental o una obsesión pos-occidental. Es una experiencia accidental y una visión más que occidental. Recoge una historia que comienza a recordase a pesar de 500 años de borrarse. Promueve un verdor humano y ecológico para los próximos 500 años en medio de un sistema mundo tecnológico. Su método se da en un vaivén des-colonial que expirará una vez venga lo pluri-versal.

El teologar trans-occidental es un caminar en ese jardín de Jorge Luis Borges, de senderos que se bifurcan.[6] El jardín está habitado por memorias vivas y gente que llevamos en nuestras venas abiertas: nuestros ancestros indígenas y africanos que se escondieron por miedo de la exterminación colonial; nuestros conquistadores y evangelizadores euroamericanos que se perdieron por el hambre y sed de oro, plata y esclavos; nuestras mestizas, mulatas y criollos que olvidaron sus raíces y negaron sus ancestros por caer en el precipicio de la ideología de supremacía blanca; y nuestras generaciones mileniales y zetas que buscan sin mapas legibles ni GPS los pasos perdidos de sus identidades.

Hacer teología transoccidental es hacer teología del Nuevo Mundo. Y teologar es ver; ver el Nuevo Mundo, América Nueva, Nuestras Américas, y sentirse ya dando los primeros pasos en ella. Hacer teología del Nuevo Mundo no es repetir, reproducir, calcar, cacarear por los granos del viejo mundo.

Hacer teología del Nuevo Mundo no es una labor meramente sistemática al son de un rabino o de Aquino o Calvino. Sino un bregar rizomático que sigue lo pneumático sin ir en automático. La teología del Nuevo Mundo rastrea a Dios en el jardín de senderos que se bifurca en las múltiples rutas del conocimiento americano y planetario, puesto que sabe que los mapas del viejo mundo europeizante-modernizante-democratizante, pero desmoralizante que no nos sirven para caminar en el jardín de los senderos que se bifurcan y atrapar los vientos del Espíritu. El jardín de los senderos que se bifurcan nos pierde fácilmente en sus espesas totalidades culturales, abundancias ancestrales, riquezas ecológicas, honduras espirituales, diversidades teológicas. Para unas, selva verde. Para otras, selva de concreto metropolitano con caminos de asfalto y data que conforman y matan. Pero todo junto conforma la América Nueva de las unas y las otras.

El "nuevo mundo" de Europa es diferente del Nuevo Mundo de Nuestras Américas. El primero es la fantasía europeizante dibujado por

---

6 Véase Jorge Luis Borges, "Jardín de senderos que se bifurcan" (1941), https://www.derechopenalenlared.com/libros/jardin-senderos-borges.pdf.

mentes avaras que decidieron ver un mundo salvaje, demonizado, incivilizado donde se esconde un tesoro por el cual vale la pena volverse loco, matar y violar, olvidarse que uno es civilizado y recordar que es un bárbaro. Es una fantasía por la que se cruzan océanos abismales, selvas asesinas y rutas sin fin en nombre de Dios y en busca del oro de las Indias. El segundo, Nuestro Nuevo Mundo, es un mundo encubierto, original, visto y vivido solo desde los pueblos originarios, mestizados, dispersados por el planeta. Nunca tal mundo fue entendido en su plenitud por los conquistadores o misioneros extranjeros porque nunca se logró ver más allá del resplandor dorado, plateado y marrón de las minas y los esclavos. Las sombras góticas de un viejo mundo siempre encubrieron los verdes montes de la América robusta.

Las notables civilizaciones universales de las regiones de Tawantinsuyo, Anahuac y Ayi'ti del Abya Yala (América Original) nunca fueron descubiertas. Solo algunas de sus prendas (minerales preciosos) fueron saqueados. Y sobre todo, nuestra Madre Tierra y dignidad humana fueron denigradas y transformadas en propiedad de la corona y propiedad privada. Las diferentes potencias euroamericanas tomaron turno durante los pasados 500 años para vaciar las minas del nuevo mundo europeo y a cambio entregar su versión del Dios del viejo mundo. El resplandor del oro opacó el resplandor de Dios en medio de los pueblos originarios. En palabras del intelectual quechua Felipe Guamán Poma de Ayala del siglo XVI:

> *Hasta ahora dura aquel deseo de oro y plata y se matan los españoles y desuellan a los pobres indios. Y por el oro y la plata quedan despoblados, parte de este reino, los pueblos de los pobres indios, por oro y plata.*[7]

Por más viajes, exploraciones y cartografías trazadas por los cronistas del Occidente, con su imaginación xenofóbica, no pudieron llegar hasta los verdaderos tesoros del Nuevo Mundo. La revolución científica, industrial y política que emergen en Europa costeadas por las extracciones minerales y la mano de obra indígena y africana lograron fabricar la Europa de la Ilustración y el mundo moderno occidental con sus periferias de pobreza alrededor del mundo —primer mundo, segundo mundo,

---

[7] Gustavo Gutiérrez, *Dios o el Oro en las Indias* (Instituto Bartolomé de las Casas, 1990), p. 122.

tercer mundo, etc.—, pero nunca pudieron ver y disfrutar los verdaderos tesoros del Nuevo Mundo, mi mundo, y su Aztlán.

Aztlán, ¿qué eres? ¿Quién eres? Eres esa esquina cultural invisible, inalcanzable y virgen de las gentes americanas originales (aztecas) donde el colonizador no llega; un hogar líquido que viaja en la alforja de la gente inmigrante del Sur Global Americano y le sirve de escondite, alberge y escudo de esperanza en el viaje hacia un Nuevo Mundo. Aunque naces con la semilla del pillaje colonial hacia los pueblos aztecas durante nuestra historia mesoamericana, revives, Aztlán, revives tercamente en las conciencias despiertas de toda persona latina/x (inmigrante o nacida en tierras del norte) que experimenta el destierro y el demérito de su dignidad humana. Eres mi hogar; identidad fronteriza y utopía que visten de gloria invisible a quienes desean sobrevivir los embates de la subyugación colonial interna de la cultura dominante blanca euroamericana del Norte. Aztlán es el esfuerzo, la búsqueda, el ensayo de la vida en ese Nuevo Mundo hasta que ese mundo sea concretamente asumido y propio.[8]

Los mapas de Occidente no pueden encontrar el camino a Aztlán porque sus cartografías han sido siempre una réplica del viejo mundo. Por ello, la teóloga transoccidental busca caminar antes y más allá del mito de la verdad, la belleza y la bondad blanqueada y occidentalizada de Dios. Ve a Dios, siente a Dios, vive en Dios sin tener que perderse en el abismo occidental del ser, saber, conquistar, poseer, dominar, mundializar, exterminar.

La teóloga transoccidental busca a Dios en el Aztlán y resiste la avaricia ontológica, gnoseológica, estética y ética del "ego conquiro, ego cogito" (conquisto luego soy, Enrique Dussel). Aprende a escribir su propio verso teológico. Y desprograma los códigos del "ego app" francés de Renato Descartes (pienso luego existo) por el código rizomático del verso Martiniano cubano "Artes soy entre las artes… En los montes monte soy".

Existo *donde* creo. Soy americano/a/x y vivo en el Nuevo Mundo.

---

[8] Para una discusión crítica sobre los significados y usos del concepto azteca de Aztlán consúltese las siguientes fuentes: Rafael Pérez-Torres, "Refiguring Aztlan," *Aztlan* 22, no. 2 (1997); Jacqueline M. Hidalgo, *Revelation in Aztlán: Scriptures, Utopias, and the Chicano Movement*. The Bible and Cultural Studies. (Palgrave Macmillan, 2016).

Ejercicios de reflexión creativa

1. Escribir una autobiografía cultural y teológica que sea breve, original, significativa e ilustre sus propias experiencias de vida. (Por ejemplo, piense en un espacio de 1 000-2 000 palabras).
2. Componer una poesía o poema cuya prosa refleje aspectos de su vida religiosa y cultural.
3. Componer la lírica de una canción utilizando frases de este capítulo; propias o de otros autores favoritos, en un estilo contemporáneo: rap, pop, reggaetón, bachata, folclore, etc.

CAPÍTULO 2

Existo *donde* creo

—Una doctrina de la vida americana desde el Sur Global—

Casi todo acto de creación colonial ha sido acompañado por un acto de creación teológica, en la historia de nuestro continente y del mundo entero. En otro escrito yo documento estas creaciones coloniales y teológicas por medio de cuatro procesos soteriológicos de Occidente, con efectos devastadores para las tierras y gentes del Sur Global Americano:[9]

- Salvación por medio de la economía colonial y la cristianización civilizatoria europea (1500s-1800s).
- Salvación por medio de la americanización de los Estados Unidos (1900s).
- Salvación por medio de la doctrina del desarrollo (1930s-1960s).
- Salvación por medio del capitalismo de mercado (1970s-2000s).

---

[9] Desarrollo estos cuatro procesos soteriológicos informado por los trabajos de Walter Mignolo y Leonardo Boff. Véase Oscar García-Johnson, "Faith Seeking for Land: A Theology of the Land*less*" en *Theologies of Land: Contested Land, Spatial Justice, and Identity,* edited by K. K. Yeo and Gene L. Green (Cascade Books, 2020), pp. 49-57.

Después de cinco siglos de itinerario [neo]colonial y cristiano en el continente americano, es imposible negar este hecho. Nuestra labor es más bien investigarlo, darle sentido, trabajar con las consecuencias devastadoras del sistema-mundo de la modernidad colonial que lo naturalizó como experiencia continental, aprovechar algunos elementos positivos que surgen del mismo —como lo han sido los lenguajes, algunas herencias culturales, algunos ideales de emancipación política y progreso científico y algunas tradiciones religiosas. Habiendo dicho lo anterior, aclaro que no todo acto teológico occidental ha sido un acto [neo]colonial devastador. No intentamos "salvar" o "higienizar" la teología occidental en el Sur Global Americano, pero ambas matrices (modernidad colonial y teología occidental) no son lo mismo ni directamente proporcionales en su sistema de valores y agendas. No obstante, toda teología, misión y actividad ministerial en el continente americano ocurre dentro de este marco histórico y sociopolítico complejo y autoregenerativo llamado modernidad colonial. Como lo discutiremos en el capítulo cinco, la teología occidental no ha podido escaparse de la modernidad colonial, sus núcleos epistémicos y éticos están entrelazados y solo en casos particulares han podido algunos paradigmas teológicos occidentales resistir desde adentro sin mayor eficacia (Neo-ortodoxia, teología eco-feminista, teología posmoderna, teología práctica, teología de la iglesia misional, etc.).

El cristianismo de los primeros siglos se da en un contexto también colonial e imperial, aunque sean colonialidades e imperialidades de diferente época. Lo que implica que cualquier ángulo de lectura bíblica y paradigma teológico que asumamos como personas americanas, tendrá que conectar de forma crítica la colonialidad e imperialidad romana antigua en la que vivían las comunidades mediterráneas del cristianismo bíblico con la modernidad colonial que ha dado forma a los espacios de vida de las comunidades latinas del continente y del mundo. Toda teología que busque ser auténticamente americana y bíblica, entonces, deberá ubicarse en esa frontera compleja de dos horizontes y responder con pertinencia a la problemática que plantea la vida dentro de la colonia y el imperio. Hoy en día, para nosotras/os esto significa existir *donde* uno cree, piensa, siente, labora y sufre. O sea, llegar a entender las implicaciones de vivir dentro de la modernidad colonial, cuyo diseño da forma a todo espacio latino del continente y no deja intacta nuestras identidades, estructuras de vida y sueños de mejoramiento.

El Sur Global Americano es un descriptivo que uso para contar la historia distinta de la compleja red de sistemas de vidas, gentes, criaturas, tierras, culturas, identidades, prácticas de la fe, tiempos, sueños y pesadillas de un territorio que por cinco siglos ha sido renombrado dependiendo de la etapa colonizadora en que vive: Indias Occidentales, Nuevo Mundo, América, América Latina, hispanos, indocumentados, etc. Por medio de este concepto yo intento describir una complejidad que no puede simplificarse por medio de un campo disciplinario moderno ubicado en la lógica occidental del otro, del espacio, del tiempo, del significado. En otras palabras, la vida de la gente latina, y en especial de los/as creyentes, no se reduce a una narrativa nacional moderna (república) porque las memorias ancestrales y vertientes culturales, raciales, étnicas, ideológicas y teológicas son móviles —caminan transnacionalmente con las comunidades que conforman estos espacios. Dichas comunidades son más que nacionales, son transnacionales, multinacionales y *outernationals* (excluidos de la nación).

Las abuelitas siguen contando historias ancestrales y místicas a los futuros médicos, doctores, políticos, pensadoras, científicos quienes atravesaran por una maquinaria cultural moderna epistemicida programada para exterminar todo indicio de "premodernidad" en aquellos/as cuya abuelita es descrita por los libros de texto como "inculta, supersticiosa, primitiva, obsoleta, subdesarrollada, incapaz". Algunos de nosotros, nietos olvidadizos, nos descuidamos y matamos de un golpe cognitivo a nuestra abuela: nuestras memorias ancestrales, su sabiduría. Lo hacemos en nombre de la ciencia moderna, de la religión evangélica rajatabla o católica aristocrática y del arte de la ilustración. Pero hoy en día, más y más nietas en las planicies de las ciudades del mundo están recordado a la abuelita que dejaron en sus países, pueblos o pasado o que emigraron con ellas. Y varios de estas generaciones milleniales y Gen Z están reteniendo las palabras y gestos de sus ancestros o se han dispuesto a sondear las historias familiares para recrear sus conocimientos y visiones del mundo. Estas comunidades emergentes ya no son tan leales a los mitos de la modernidad colonial: nacionalismo, denominacionalismo, institucionalismo, capitalismo, marxismo, racismo, sexismo, machismo, fundamentalismo, etc. Este carácter

35

"ingobernable" del sujeto del Sur Global Americano renaciente por épocas, por usar un descriptivo de Simón Bolívar, nos convoca y revoca todo nombre que totaliza una identidad impuesta desde afuera y desde siempre.

El "sur" contrarresta el sobre énfasis geopolítico del "norte" mítico y dominante. Por ello podemos decir que gracias a las migraciones mundiales de la población latinoamericna hacia el "norte" y las invasiones del norte sobre territorios latinoamericanos (Europa y Estados Unidos) hay mucho "sur" en los "nortes" porque ha habido mucho "norte" en nuestros "sures". El "global" contrarresta la idea ingenua y opresora de que la gente latinoamericana vive aun en una condición de cultura agraria, pre-moderna, provincial y localista geopolíticamente hablando. El hecho de que Los Estados Unidos de América es el segundo país de habla hispana más grande del mundo debería ser suficiente para borrar dicha percepción. Pero de hecho más bien la acentúa ante una forma de nativismo blanco norteamericano creciente en dicho país. Muchos de estos nativistas nunca han viajado a América Latina y desconocen su diversidad y riqueza cultural. "Americano" reclama la geografía de la razón y del ser latino(a) mericano(a): tierras, memorias, culturas, experimentos, tradiciones culturales y religiosas que reclaman un continente interconectado y no pueden ser olvidados ni borrados por una narrativa nacional dominante: el país americano. En todo caso cada país del continente, desde la tierra del fuego hasta Canadá, pasando por Haití, es el país americano. Y recordemos que todo país americano ha compartido, en menor o mayor grado, una experiencia colonial bajo poderes europeos y ha tenido que auto-liberarse, Los Estados Unidos de América incluido.

Criaturas de Dios y del imperio

De acuerdo a respetables historiadores del cristianismo latinoamericano, el protestantismo precedió al catolicismo romano como fenómeno religioso en el contexto de las Américas.[10] Esta tesis se basa en el

---

[10] Véase Enrique Dussel, "Historia del Fenómeno Religioso en América Latina," en *Religiosidad e Historiografía: La Irrupción del Pluralismo Religioso en América Latina y su Elaboración Metódica en la Historiografía*, ed. Hans-Jürgen Prien (Iberoamericana, 1998), p. 71; Justo L. González, *Historia Del Cristianismo*, vol. 2 (Editorial Unilit, 1994), pp. 114-22; Earle Edwin Cairns, *Christianity through the Centuries: A History of the Christian*

presupuesto que las misiones católicas ibéricas que participaron en los procesos de evangelización colonial, eran *de facto* expresiones religiosas de un fenómeno europeo católico conocido como Contrarreforma protestante (o Reforma Católica). En el tiempo de la conquista y la formación colonial temprana de las Américas, España crece como bastión de la fe católica en medio de una Europa convulsionada por la irrupción del protestantismo. En tal situación España se presenta como la mayor promotora de la Contrarreforma en muchos frentes:

1. como cuna de reformadores monásticos, místicos e intelectuales de la estatura de Ignacio de Loyola, Teresa de Ávila, Juan Ginés de Sepúlveda, Francisco de Vitoria, José de Acosta, Bernal Díaz del Castillo, etc.,
2. como cuna de la Santa Inquisición y la influyente Sociedad de Jesús,
3. como agente de la cristiandad con un apetito escatológico voraz por reconquistar la tierra Santa de la ocupación musulmana.

Unido a esto, España abre un surco de salida que desahoga el bloqueo otomano de varios siglos sobre Europa abasteciéndola económicamente con el patrocinio de la ruta a las "Indias Occidentales". En breve, a partir de la conquista todos estos contenidos coinciden en el proyecto de colonización de las Américas que incluye como presupuesto un catolicismo Contrarreforma. Lo cual significa que el protestantismo europeo es un fenómeno que se infiltra *a priori* en la experiencia religiosa colonial católica como antítesis de la "verdadera" fe —la católica romana de la península ibérica con cargas evangelizadoras y agendas expansionistas. Esto explica, en parte, el porqué del éxito de la resistencia continental a las misiones protestantes y el hecho que le tomo al protestantismo más de tres siglos para penetrar el continente latinoamericano.

Pero hay otra razón, más bien sociológica y no teológica, que apoya la idea que el protestantismo como fenómeno religioso propio de las Américas precede al catolicismo en dicho contexto. Como mostraremos más adelante, el catolicismo nunca pudo penetrar todas las capas socioculturales y epistemológicas de los pueblos originarios debido, en

---

Church, 3rd ed. (Zondervan, 1996), cap. 31.

parte, a la resistencia que estos ofrecieron ante la oferta occidental civilizatoria y al hecho que las instituciones y liderazgo católico en las Américas nunca fueron propias sino extranjeras hasta entrado el siglo veinte. En el caso del protestantismo, debido a su naturaleza polisémica, vemos ya movimientos de renovación (pentecostal y católica) y una serie de avivamientos desde inicios del siglo veinte —antes y en paralelo al avivamiento de la Calle Azuza de 1906-1910 en California. Además, vemos congresos misioneros y evangelísticos siendo dirigidos por latinoamericanos desde los años 1920's (Montevideo en 1925 y La Habana en 1929).

Esta argumentación pudiera darle la impresión al lector/a que estamos sugiriendo que existe una identidad protestante latinoamericana mejor asentada que la católica en las comunidades del Sur Global Americano. Nada puede estar más lejos de la verdad. De hecho, sin pretender hacer una comparación exhaustiva, traemos a colación todo lo anterior para subrayar un déficit mayúsculo en la identidad protestante-evangélica en las Américas y presentar un desafío: *a pesar de que el fenómeno religioso en América Latina presenta al protestantismo como una expresión religiosa que precede al catolicismo como realidad de fondo, no se ha dado con claridad una identidad, conciencia, producción teológica y eclesial protestante autónoma y arraigada en todos los contenidos, memorias y futuros propios del Sur Global Americano.*

Más adelante nos remitiremos al caso del primer congreso protestante en América Latina, llevado a cabo en la república de Panamá en el mes de enero de 1916, para establecer el punto de partida "oficial" del protestantismo en América Latina. Esto desde ya anticipa una identidad confusa y dependiente de Occidente, especialmente de los Estados Unidos de América. Por lo tanto, la tarea de interpretar crítica y colectivamente lo que ocurrió en tal congreso en conexión con el gran marco socio-religioso de cuatro siglos de historia religiosa representa una labor teológica indispensable para establecer una doctrina cristiana de la vida continental.

De la corona europea a la colonia americana

La experiencia de iglesia cristiana en las Américas nace en medio de un choque violento de culturas y perspectivas regionales (precolombinas y europeas) que afloran en una serie de transgresiones materiales, pero también simbólicas por parte de los conquistadores y colonizadores europeos. Lo que sería luego América Latina nace con una lesión, con una herida colonial que continúa hasta hoy afectando todos los aspectos de la vida continental. En las subsecuentes épocas a la historia colonial, no se logrará superar en América Latina el trauma colonial, sino que se resistirá y se negará de múltiples maneras. El literato mexicano Octavio Paz ilustra esto de forma elocuente en su gran obra, *El Laberinto de la Soledad*. Cito un par de líneas que revisitaremos más adelante:

Doña Marina se ha convertido en una figura que representa a las indias, fascinadas, violadas o seducidas por los españoles...

El mexicano no quiere ser ni indio, ni español. Tampoco quiere descender de ellos. Los niega. Y no se afirma en tanto que mestizo, sino como abstracción, es un hombre. Se vuelve hijo de la nada. Él empieza en sí mismo...

Aún respiramos por la herida. De ahí que el sentimiento de orfandad sea el fondo constante de nuestras tentativas políticas y de nuestros conflictos íntimos.[11]

Como se ha indicado en varios escritos de la historia colonial, esta herida colonial es función de la relación asimétrica entre el occidental europeo y el nativo de las Américas, que se establece luego y se institucionaliza hasta formar parte de nuestra realidad actual.[12] Esta asimetría (cuando se asume como cierta) reduce el valor humano y simbólico del

---

[11] Octavio Paz, *El Laberinto de la Soledad* (Fondo de Cultura Económica, 2004), pp. 94-97.

[12] Acerca de la "herida colonial" véase por ejemplo Walter Mignolo, *La Idea de América Latina: La Herida Colonial y la Opción Decolonial*, 1a. ed. (Gedisa Editorial, 2007). Hay numerosos ejemplos que evidencian la asimetría aquí referida, basta con nombrar el gran debate entre Bartolomé de Las Casas y Juan Ginés de Sepúlveda sobre la humanidad de los indígenas, véase: Lewis Hanke, *All Mankind is One: A Study of the Disputation Between Bartolome de las Casas and Juan Gines de Sepulveda on the Religious and Intelectual Capacity of the American Indians* (Northern Illinois University Press, 1974); José de Acosta, *La Historia Natural y Moral de las Indias*, https://archive.org/details/historianatural02acosrich.; Gonzalo Fernández de Oviedo y Valdés, *La Historia General y Natural de las Indias*, https://archive.org/details/generalynatural01fernrich.

habitante nativo de las Américas al comparársele con su vecino no-roccidental. Naturalmente, esto trae ramificaciones fatales (negaciones, omisiones y dependencia epistémica) para la emancipación integral propia *del buen pensar, buen ministrar y bien vivir* del latinoamericano y su diáspora mundial. Ilustro a continuación.

Al salir de período colonial, la iglesia latinoamericana sufre una profunda crisis *jerárquica, parroquial y educativa* al separarse de la corona española (y su sistema de patronato) y al enfrentarse a los nuevos procesos de independencia política, económica, geográfica y religiosa que se dan en América Latina y el Caribe. El filósofo e historiador argentino Enrique Dussel puntualiza los factores que enfrentó la iglesia: "el nacimiento de las identidades nacionales, las organizaciones políticas, el incremento del secularismo, un colonialismo económico generado por el capitalismo liberal anglo-sajón y el inicio de una sociedad pluralista".[13] En esta transición climática de América Latina al comienzo del siglo XIX, asegura Dussel, "la iglesia latinoamericana transiciona de una cristiandad a una sociedad pluralista y nuevas instituciones religiosas emergen para evangelizar la civilización contemporánea".[14] Claramente, la sociedad pluralista nunca se termina de dar, pero la idea predomina.

Hay tres argumentos que deseamos presentar acerca del desarrollo evangelístico y pastoral en la época colonial en el Sur Global Americano. Primero, Dussel nos dejó al filo de una afirmación que apunta a nuevos actores en el proyecto evangelizador del continente. Esto implica, que para Dussel tal "re-evangelización" moderna continental es posible porque la primera evangelización *colonial* por parte de los misioneros católicos ibéricos no se dio de forma integral. De hecho, una de las tesis de Dussel es que la población nativa en las Américas sigue "esperando su completa evangelización," por lo cual los nativos "compensan" el catolicismo oficial con religiosidades autóctonas populares.[15] Esto lo argumenta Dussel en su época temprana de erudición. Ahora, su interpretación sería distinta respecto al factor de "compensación" el cual es más bien un factor de "creación propia" de los pueblos originarios. Aclarado esto, Dussel alude inicialmente a la resistencia epistémica

---

[13] Enrique Dussel, *The History of the Church in Latin America* (Mexican American Cultural Center, 1974), p. 23.

[14] Dussel, *The History of the Church in Latin America*, p. 24.

[15] Dussel, *A History of the Church in Latin America*, p. 71.

amerindia y africana que se generó ante el embate de evangelización civilizatoria católica-romana. A su vez, esto genera un espacio ideológico y cultural que abre espacio para la evangelización protestante del siglo XIX. Segundo, sumamos así otra interpretación igualmente radical por parte del pastor y teólogo metodista José Míguez Bonino. Este último afirma que Latinoamérica nunca fue cristiana porque nunca fue dueña de sus propias instituciones religiosas. Las estructuras religiosas españolas (su liderazgo pastoral extranjero) fueron trasplantes religiosos con aspiraciones a funcionar en el "nuevo mundo". Esto dio oportunidad a los misioneros protestantes de Occidente para trabajar y crecer en América Latina.[16]

Una tercera contribución al tema de la fe cristiana colonial nos la ofrece el teólogo católico argentino, Lucio Gera, quien nos afirma que el tipo de liderazgo que predominó en la iglesia católica en el período colonial era "tradicionalista, derechista y conservadurista" a razón de la visión de cristiandad (fusión imperio-iglesia) que predominaba en la época colonial. Cuando llega la independencia política de las naciones latinoamericanas, asegura Gera, el liderazgo católico no cambia en su esencia, sino que se constituye en un "catolicismo aristocrático nacional".[17] Así permanecerá por varias décadas, lo cual en varios casos servirá de plataforma y endoso de dictaduras y regímenes productores de violencia y pobreza en el transcurso del siglo XX.

De la colonia cristiana al estado independiente

A fines del siglo XIX la franja latinoamericana acarreó tiempos complejos, como ya hemos comenzado a ver. Entre el período de 1850-1929, América Latina comenzó a ser influenciada por Inglaterra y Estados Unidos en temas de educación, tecnología, ingeniería, comercio, etc. Grupos de protestantes comienzan a visibilizarse en el continente.[18] En lo que esto va aconteciendo, la textura social del continente es agitada

---

[16] Samuel J. Escobar, "The Church in Latin America after Five Hundred Years: An Evangelical Missiological Perspective," en *New Face of the Church in Latin American: Between Tradition and Change*, ed. por Guillermo Cook (Orbis Books, 1994), p. 27.

[17] Véase Lucio Gera, "Apuntes Para Una Interpretación De La Iglesia Argentina," *Víspera* 15, (1970): 59ff. Citado en José Míguez Bonino, *Doing Theology in a Revolutionary Situation* (Fortress Press, 1975), pp. 3–4.

[18] Dussel, *Historia de la Iglesia en América Latina*, p. 26.

por los gremios socialistas que conforman las bases del proletariado y comunidades inmigrantes europeas recién asentadas.[19] La iglesia latinoamericana hegemónica comienza a desprenderse de la cristiandad colonial. En Colombia, por ejemplo, la iglesia se separa del estado en 1853, por agitaciones liberales. Lo mismo va ocurriendo en la franja continental: Bolivia 1851, Uruguay 1852-1903, Chile 1861, Argentina 1884, Brasil 1889 y México 1876-1911, esta última por las influencias liberales de Benito Juárez y el positivismo de Porfirio Díaz.[20]

A fines del siglo XIX y comienzos del XX, el horizonte económico se tornó utópico en cuanto las élites criollas en el poder de las nuevas repúblicas buscaron nuevas fórmulas de desarrollo económico para mitigar el peso histórico de trescientos años de yugo colonial español. Económicamente inexperta e ingenua en materia diplomática, América Latina (sus gremios en poder) buscaba una base extranjera sobre la cual apoyarse mientras lograba finiquitar el asunto de la autonomía política de la corona y asegurar su futuro financiero en el continente. Los candidatos eran: Gran Bretaña, Francia, Holanda y Estados Unidos. América Británica del Norte (los Estados Unidos de América) ganó la partida, al fin de cuentas. Una combinación de ingenuidad, corrupción local, ingenio financiero norteamericano y vulnerabilidad sociopolítica colaboraron para conducir a los gremios en el poder a casi regalar tierras y territorios enteros e impulsar la mano de obra barata por medio de las concesiones nacionales cedidas a los monopolios nacientes de América del Norte. Así nace América Latina, con una profunda y rotunda desposesión ontológica y ecológica, lo cual destacaremos mejor en el volumen 2 de la colección.

Dos visiones continentales y una visión *otra*

Aunque nuestra biografía del sujeto latinoamericano parece partir de la política y la economía, en realidad ambas dimensiones son posibles por la evangelización católica colonial y la protestantización anglosajona moderna. Es imposible abordar el contexto de la fe sin entender el Patrón Colonial del Poder y a la vez es imposible entender las dimensiones culturales, económicas, políticas, sociales, científicas y geográficas sin contar con el rol de la religión y la espiritualidad cristiana. El

---

[19] Dussel, *Historia de la Iglesia en América Latina,* p. 26.
[20] *Ídem*

liberalismo y conservadurismo occidental y sus disciplinas y agendas investigativas (ideologías, universidades, iglesias, estados, teorías, etc.) han logrado construir visiones parciales y correspondientes a sus ideologías modernas, pero nunca han podido aprender de, y entender cómo, funciona la vida entrelazada de nuestros pueblos americanos.

Así ineludiblemente, nuestra biografía continental parte de una visión rizomática, un entrelace de múltiples ejes que conversan entre sí. Pueda que para algunos/as lectores/as acostumbrados a libros de textos teológicos o bien de teoría política el tratamiento de nuestro tema parezca inusual debido a su carácter multidisciplinario. Pero la vida continental reclama el abandono de visiones epistemicidas. Lamentablemente, muchas disciplinas modernas no poseen metodologías capaces de conectar estos espacios, historias y trayectorias cognitivas de forma crítica y amplia a partir del *donde* vivimos.

Se puede sostener que desde la posindependencia política en las Américas compiten dos visiones y agendas continentales mano a mano: el panamericanismo y el latinoamericanismo. Ambas visiones encuentran sus orígenes en pensadores latinoamericanos que han anhelado objetivos similares: la emancipación de un continente soslayado por las heridas existenciales de la conquista europea. Lo que va a distinguir una visión de la otra es el punto de partida epistémico, las alianzas geopolíticas y lógica de emancipación continental (sistema-mundo de diseño global) que orientará sus proyectos históricos.

En esta sección contamos con los argumentos elaborados por el grupo de pensamiento crítico latinoamericano conocido como *modernidad/colonialidad/descolonialidad*.[21] Este grupo coincide en que la conquista europea y el establecimiento del orden colonial (Américas)/moderno

---

[21] Este es un grupo de pensadores/as críticos y científicos sociales latinoamericanos/as constituido en sus inicios por: Aníbal Quijano (Perú), Enrique Dussel (Argentina-México), Edgardo Lander (Venezuela), Arturo Escobar (Colombia), Catherine Walsh (Ecuador), Nelson Maldonado-Torres (Puerto Rico), Zulma Palermo (Argentina), Santiago Castro-Gómez (Colombia), Fernando Coronil (Venezuela), y Walter Mignolo (Argentina-EE. UU.). Véase, Grupo de Estudio Sobre Colonialidad (GESCO), "Modernidad/Colonialidad/Descolonialidad: Aclaraciones Y Réplicas Desde Un Proyecto Epistémico En El Horizonte Del Bicentenario," *Pacarina del Sur: Revista del Pensamiento Crítico Latinoamericano* (20 de noviembre 2016), http://www.pacarinadelsur.com/home/abordajes-y-contiendas/108-modernidad--colonialidad--descolonialidad-aclaraciones-y-replicas-desde-un-proyecto-epistemico-en-el-horizonte-del-bicentenario, (accedido 16 de diciembre 2016).

(Europa occidental) debe verse como un acoplamiento histórico que funda no solo una época (colonialismo), sino una forma de vivir (lógica) dentro de estructuras auto-regenerativas con un diseño global que evoluciona hasta dominar la economía, la geografía (vida y espacios ecológicos), la *humanitas* (valía y concepto del ser humano), la autoridad, las subjetividades, etc. Este Patrón Colonial del Poder, como la presenta el sociólogo peruano Aníbal Quijano y el semiólogo argentino Walter Mignolo, ha funcionado en base a una retórica eurocentrista, racista, patriarcal, capitalista, occidentalista. Hay una maquinaria del conocimiento que se globaliza y nos *informa, forma y transforma* de manera que lo que hoy llamamos mucha cultura, desarrollo educativo y progreso económico se pueden entender como dispositivos de la modernidad colonial que reproducen lo que conocemos (epistemología), representamos (historiografía, investigación, teorización, ciencia), sentimos (fe, arte, comunidad), actuamos (política, economía, civilidad, interculturalidad, internacionalidad, tecnología) dentro de un mundo controlado por diseños globales poderosos.

Este diseño global del conocimiento y los espacios de poder y privilegio han sido posibles gracias a grandes diferencias raciales, culturales, de género, de geografía que surgen en una primera instancia en los encuentros disparejos de la conquista europea con los pueblos originarios y esclavizados de África y, en una segunda instancia, en la recolonización euro-americana, prolongándose así lo que se conoce como la herida colonial. Esta profunda experiencia de negación humana y cultural impuesta como método de sometimiento de las comunidades colonizadas sobrepasa una época histórica y trasciende habiéndose codificado culturalmente la vida misma del sujeto latinoamericano y naturalizándose por las estructuras neocoloniales aún vigentes: espacios políticos y económicos, visiones culturales, experiencias religiosas y sueños de liberación y emancipación. Esta herida colonial tiene raíces teológicas y, particularmente, cristológicas, ya que la cristología de la conquista codificó la visión de Dios en la historia del sujeto latinoamericano. Veremos algo de esto más adelante.

Cómo nace, crece y se reproduce el panamericanismo

En el contexto de las Américas, cada proyecto emancipador en el sentido histórico y geopolítico a colapsado como distopía cuando abrazó el panamericanismo o como inacabado cuando se ha planteó desde las filas del latinoamericanismo. Ineludiblemente, la teología cristiana ha jugado un papel clave desde el origen del proyecto "América Latina".[22] Dado que los paradigmas teológicos europeos fueron originalmente de trasplante sus consecuencias han sido variadas. Los más fieles a sus legados occidentales han colaborado a la occidentalización de las formas de vida del continente americano. Los que se encarnaron en formas culturales propias de las Américas han buscado distanciarse del eurocentrismo como *locus theologicus* redundando en un anti-occidentalismo que no ha encontrado formas de vencer al occidentalismo de la modernidad colonial.

La tesis de esta sección es simple y a la vez polémica: cualquier propuesta de emancipación continental requiere del replanteamiento teológico no de su negación (secularismo de izquierda). La negación del fenómeno religioso y místico en las Américas es también la negación de la *Otra América, Nuestra América* y por tanto dicha negación indica que su lógica paradigmática continúa atada a la modernidad colonial y occidentalista. Obviamente no estamos hablando de una visión unitiva de teología cristiana *a la occidental*, muy por el contrario, estamos hablando de una visión teológica *nuestroamericana* que toma en cuenta las diversalidades, totalidades y pluriversidades religiosas de las Américas (en flujo y reflujo migratorio) en las cuales los protestantismos, pentecostalismos y catolicismos normativos tienen cabida, pero no dominan la trayectoria. Parte de esta visión es la re-visión crítica de los fenómenos religiosos que han constituido la diversalidad religiosa en las Américas. Lo que presentamos a continuación va en la dirección de esta re-visión protestante a la luz de una visión teológica *nuestramericana* que tiene como agenda la descolonialidad de las teologías anidadas en las Américas como parte del proceso emancipador del continente. Consideramos que esto puede constituir una innovación social importante en nuestros mundos americanos.

Panamericanismo como diseño continental de la modernidad colonial. El panamericanismo que va a imperar en las Américas se gesta en el vientre de la descolonización política y a través de las independencias del siglo XVIII y XIX. Esto puede sorprender al lector. Pero aclaramos que no toda descolonización es inmediatamente des-colonial,

---

[22] Véase Walter D. Mignolo, *La Idea De América Latina*, primera edición (Gedisa, 2012).

en el sentido crítico de la palabra. Ha habido siempre procesos de descolonización en América desde el momento que se estableció el orden colonial en el continente. Pero tal descolonización no ha florecido de forma integrar sino parcial. Cuando se dan las crisis coloniales en las colonias americanas, en ese momento de desprendimiento político de la corona española y portuguesa (en primera instancia) y luego de las coronas francesas y británicas (en segunda instancia), surgirán ofertas de emancipación americana locales por parte de Europa y la joven nación estadounidense. No es una historia simple y llana como a veces se presenta en los libros de textos occidentalizados, es compleja y evolutiva.

Como ya hemos dicho, varios de los gremios criollos que fueron ascendiendo al poder en el orden colonial español y portugués, buscarán vías de independencia y recibirán propuestas emancipadoras de parte de los competidores de España y Portugal en Europa: Francia, Gran Bretaña y Holanda. Para esta época, Napoleón ha estado debilitando al reino español. Por ello, en las Américas, Francia y Gran Bretaña serán decisivas para darle forma al continente y usarán tintes teológicos y religiosos para ello. La idea de una *América Latina católico romana* bajo la tutela de Francia se contrastará con la idea de una *América Británica protestante*, la cual conocemos hoy como Estados Unidos de América. Esta última, será la primera nación americana en lograr su independencia del reino británico (1783). La segunda nación americana fue Haití (1804), declarándose libre del yugo francés y constituyéndose en la primera nación de raza negra-taína independiente del mundo.

Simón Bolívar, James Monroe y el Panamericanismo. Habiendo aclarado esto, hay que reconocer que podemos hablar de un panamericanismo propio de las Américas no británicas que se puede ubicar en el esfuerzo de libertadores como Simón Bolívar y su famosa carta de Jamaica en 1815, donde Bolívar acude (no sin preocupaciones políticas) a la "buena voluntad democrática" de los reinos europeos del norte en contraposición a los antiguos poderes coloniales del sur de Europa. La intención obviamente era lograr resolver de una vez por todas el asunto de la independencia de los países americanos ante los poderes coloniales.

Sin embargo, no será esta visión criolla americanista la que imperará sobre el territorio americano luego dividido en sectores geopolíticos tales como América Latina, el Caribe y Norte América. Sino que se sobrepondrá un panamericanismo muy diferente, con ambiciones claras de expansión territorial y con una táctica de occidentalización agresiva que, ahora sí, con el endoso de los poderes europeos del norte, particularmente Gran Bretaña, avasallará territorios, pueblos, economías, políticas y culturas propias del continente americano. Este será el caso del panamericanismo estadounidense, que bajo la visión de una teología política conocida como *Destino Manifiesto*, orientará la visión presidencial de James Monroe y descarrilará los esfuerzos unitivos de Bolívar por medio de una táctica estadounidense asimiladora, expansiva y militarista que llegó a ser hegemónica en la franja continental desde el siglo XIX hasta nuestros días. Aquí hay que hacer una pausa, respirar profundamente y preguntarse: ¿cómo ha sido posible que trece colonias auto liberadas se constituyan en la cabecera de todo un continente?

No es un asunto meramente retórico ni semántico a lo que nos estamos refiriendo aquí, sino que hay una historia de ocupación epistémica, cultural, religiosa, política y económica detrás de lo que se conoce hoy como "la nación americana". Para decirlo de forma puntual, hay una gran diferencia entre la *helenización* de Alejandro el Grande en el Mediterráneo antiguo (336 BC), la *pax-romana* del Imperio romano sobre su vasto territorio en el Mediterráneo, Asia menor y Europa (27 BC – 286), el *afrancesamiento* de Napoleón Bonaparte sobre las colonias en África y América (hasta 1809), la anglicanización (*pax britannica*) del Imperio británico sobre sus colonias en todos los continentes del mundo (XVII-XX) y la *pan-Americanización* de los Estados Unidos sobre América Latina y el Caribe, (XIX—presente). Básicamente, esta última usa una retórica geopolítica nativista "América para los americanos" y ejerce una hegemonía "desde adentro" y se torna en una potencia neocolonizadora intra-continental. Esto es posible debido a varios factores que debemos analizar.[23]

José Martí y la visión de Nuestra América como alternativa al diseño panamericanista. Siete décadas posteriores a Bolívar, en vísperas de la independencia del caribe, surge otro tipo de visión continental que subsume y busca trascender a la bolivariana de forma que sus principales aliados no sean los poderes extranjeros y su retórica emancipadora sino una política emancipadora propia. Esta va a buscar

---

[23] Martí, *Nuestra América,* p. 18.

el autoconocimiento, la concientización ancestral y regional y un esfuerzo unitivo que brote del sentir de nuestras tierras —*nuestra propia americanidad*— sus universidades y recursos intelectuales autoformados en nuestra propia tierra. Cito a continuación un breve extracto de este pensamiento *nuestroamericano*:

> *¿Cómo han de salir de las universidades los gobernantes, si no hay universidades en [Latino]América donde se enseñe lo rudimentario del arte del gobierno, que es el análisis de los elementos peculiares de los pueblos de [Latino]América?... El buen gobernante en América no es el que sabe cómo gobierna el alemán o el francés, sino el que sabe con qué elementos está hecho su país...*[24]

Entre unos pocos pensadores precoces del siglo XIX sobresale el apóstol de la revolución cubana José Martí y su inmortal ensayo "Nuestra América" escrito desde tierra del exilio, Nueva York en 1891. El ensayo "Nuestra América" se considera "la piedra angular del pensamiento adulto" Martiniano porque "integra su posición teórica de las relaciones hemisféricas" del continente con los "debates culturales" de su tiempo.[25] Martí nos ofrece un desmarque crítico latinoamericanista que no busca desvincularse de las relaciones emancipadoras de América Latina, pero que sí busca autonomía epistémica, respeto geopolítico y dignidad cultural.

Recordemos que Martí se encuentra viviendo en un tiempo de coyuntura histórica cuando se está dando una superposición de poderes imperiales en Latinoamérica: del imperialismo ibérico al británico y francés.[26] En esta coyuntura histórica se le hizo difícil a la gran mayoría de pensadores latinoamericanos discernir las motivaciones del "gigante con botas de siete leguas", como le llamaba Martí a Los Estados Unidos. La dificultad de los gremios intelectuales y políticos latinoamericanos para reaccionar ante la astucia de los nuevos poderes imperiales reside principalmente en los siguientes factores: (1) la presencia

---

[24] Martí, "Nuestra América."

[25] Véase Jeffrey Grant Belnap and Raul A. Fernández, eds., *Jose Marti's "Our America:" From National to Hemispheric Cultural Studies* (Duke University Press, 1998), pp. 1–23.

[26] Walter D. Mignolo, "Postcolonialismo: El Argumento Desde América Latina," en *Teorías sin disciplina: latinoamericanismo, poscolonialidad y globalización en debate*, eds. Santiago Castro-Gómez y Eduardo Mendieta (Miguel Ángel Porrúa, 1998).

de monopolios británico-estadounidenses en varios países latinoamericanos aparece inicialmente con "signos de mejoramiento material que deslumbran a legiones de ingenuos e indocumentados", como lo presenta el comentarista Martiniano Juan Marinello en referencia a las élites criollas en poder de nuestros gobiernos latinoamericanos de aquella época.[27] (2) Dada la larga historia de lucha entablada entre las bases independentistas del caudillismo latinoamericano en contra de la abrumadora hegemonía colonial europea, el pensamiento crítico en las Américas se encuentra en esos momentos interrumpido por un retraso intelectual que le impide reaccionar política e ideológicamente a las ofertas de progreso económico y cultural ofrecida por la visión expansiva de Norteamérica (por ej. Panamericanismo). (3) Consecuencia de lo anterior es que durante este tiempo no hay aún un canon crítico y una visión económica sólida que anticipe y coteje las problemáticas nacionales que pudieran engendrar los monopolios extranjeros en las Américas. (4) La doctrina étnico-cultural imperante en el continente continuaba presa de la supremacía racial blanca, perpetuándose así lo que mantuvo subestimada a las castas populares, indígenas y afro-descendientes en las Américas. (5) Unido a lo anterior, hay que reconocer que había una élite ilustrada dominante criolla de latinoamericanos (europeizantes) en control de las estructuras de poder político, económico y educativo cuya mentalidad favorecía a la exaltación de "los ciudadanos de piel blanca... portadores de los tesoros de la civilización y la cultura".[28] Notamos cómo Martí resentía esto porque percibía el eurocentrismo crónico presente en la cultura y sistemas educativos del continente. (6) Por último, la incursión del Protestantismo europeo en Latinoamérica vendría a añadir tejido occidental en un sentido ideológico y cultural. Esto último acabaría por reactivar las ideologías y sentimientos de dependencia extranjera (colonial-imperial) que acarreaba las Américas desde su nacimiento como un proyecto colonial europeo incapaz de valerse por sí mismo (herida colonial).

El filósofo y educador mexicano José de Vasconcelos lo expresará magistralmente en su gran obra *La Raza Cósmica* a comienzos del siglo XX:

---

[27] Martí, *Nuestra América*, p. xii.
[28] Martí, *Nuestra América*, p. xii.

Nosotros nos hemos educado bajo la influencia humillante de una filosofía ideada por nuestros enemigos, si se quiere de una manera sincera, pero con el propósito de exaltar sus propios fines y anular los nuestros. De esta suerte nosotros mismos hemos llegado a creer en la inferioridad del mestizo, en la irredención del indio, en la condenación del negro, en la decadencia irreparable del oriental.

La rebelión de las armas no fue seguida de la rebelión de las conciencias. Nos rebelamos contra el poder político de España, y no advertimos que, junto con España, caímos en la dominación económica y moral de la raza que ha sido señora del mundo desde que terminó la grandeza de España. Sacudimos un yugo para caer bajo otro nuevo. El movimiento de desplazamiento de que fuimos víctimas no se hubiera podido evitar aunque lo hubiésemos comprendido a tiempo. Hay cierta fatalidad en el destino de los pueblos lo mismo que en el destino de los individuos; pero ahora que se inicia una nueva fase de la Historia, se hace necesario reconstituir nuestra ideología y organizar conforme a una nueva doctrina étnica toda nuestra vida continental. Comencemos entonces haciendo vida propia y ciencia propia. Si no se liberta primero el espíritu, jamás lograremos redimir la materia.[29]

Es precisamente esa añoranza por una libertad de espíritu —por vida propia y ciencia propia— a la que se refiere Vasconcelos y Martí a lo que hemos de remitir todo esfuerzo emancipador de nuestras tierras, identidades y gentes. Estas dos visiones emancipadoras (panamericanismo y latinoamericanismo) han constituido dos sendas que compiten por medio de promesas de libertad, igualdad, unidad y desarrollo cultural, económico y político latinoamericano. A continuación, nos lanzaremos a un tema fascinante y a la vez polémico, esto es, trataremos el tema del fenómeno protestante en las Américas preguntándonos: ¿qué papel ha tenido el fenómeno de protestantización americana en la emancipación integral de las Américas?

---

[29] José Vasconcelos, *La Raza Cósmica: Misión de la Raza Iberoamericana* (Espasa-Calpe, 1948), pp. 29–30.

¿Un protestantismo latinoamericano por medio de un panamericanismo estadounidense?

La visión de emancipación continental de José Martí entra en un lapso efímero; caduca y se da por fallecida por *cien años de soledad*, por usar la frase de Gabriel García-Márquez. Martí vivió y murió antes de tiempo, se adelantó y nos dejó atrás. El Sur Global Americano tendrá que envejecer un siglo para volver a escuchar a José Martí y entender por qué dicha visión es pertinente.

Como siguiente punto, entonces, abordaremos el tema de la protestantización de América Latina como un fenómeno cultural y político con consecuencias económicas, no solo en su carácter religioso como tal. Un punto clave para este análisis es la lectura crítica del primer congreso protestante en América Latina, el cual ocurrió en Panamá en 1916. Debemos contestar la pregunta: ¿hasta qué punto podemos sostener que el protestantismo anidado en las Américas (y sus respectivos desarrollos teológicos) han sido un factor emancipador para nuestro continente?

Nuevamente, el problema de las misiones en América comienza en Europa. 500 años de historia nos han enseñado que no es extraño que el problema en América comience en Europa. En este caso comienza todo en el Reino Unido, Edimburgo. Los críticos estadounidenses, mayormente, vendrán a resentir la omisión de América Latina en el Congreso Mundial de Misiones de Edimburgo de 1910. Tal omisión se tilda como negligencia, sino menosprecio continental, por parte de los organizadores del Congreso de Edimburgo. A favor del Congreso de Edimburgo podría argumentarse que se muestra vacilación en cuanto a adoptar una postura clara en cuanto a la experiencia religiosa latinoamericana porque no hay, aun en este tiempo, suficientes evidencias concretas (casos de estudio) para disputar el hecho que América Latina era ya un continente evangelizado por los católicos, y por lo tanto, con bases cristianas aunque no protestantes. Por el otro lado, de haber segmentos significativos que hubieran abandonado la fe católica (liberales y positivistas ilustrados) o comunidades enteras que nunca habían sido evangelizadas (pueblos originarios y afrodescendientes), esto requería de cierto cuidado y estrategia en un continente que mostraba la hegemonía católica más clara del mundo. No obstante, ninguna justificativa es suficiente para fundamentar semejante omisión continental. Esto lo entienden muy claramente el líder presbiteriano Robert E. Speer y el metodista John. R. Mott (premio Nobel de la paz 1964), ambos estadounidenses y muy influyentes, quienes rechazaron la omisión continental de Edimburgo sobre la evangelización de América Latina y trabajaron, detrás del escenario, tejiendo los hilos que conducirían luego al congreso de Panamá 1916.

La geopolítica de las misiones protestantes. Aquí vale la pena hacer una pausa para analizar una marcada diferencia del carácter geopolítico y misionero entre la vieja Europa y el líder emergente del continente americano, Estados Unidos de América. Esta distinción *geopolítica de las misiones* opera a partir del mismo Congreso de Edimburgo hasta la organización del Congreso de Panamá de 1916, y va aún más allá. Para las juntas de misiones europeas, América Latina es una franja territorial históricamente compleja (300 años de yugo colonial y la independencia política), superficialmente evangelizada, hostil a la hegemonía europea y en búsqueda de emancipación económica y autonomía política. Cualquier intervención tendría que ser hecha con mucho cuidado y sutileza.

Los Estados Unidos, sin embargo, veía a América Latina con ojos muy diferentes. Representaba una extensión territorial en las faldas de su "propio" continente; una tierra virtuosa que invitaba a una recolonización diferente, *emancipadora*. Esto ya es claro en la doctrina del presidente estadounidense Monroe en 1823, quien, según Míguez Bonino, vio "la reivindicación de América Latina como un espacio de seguridad, control político y hegemonía comercial de los Estados Unidos".[30] Basta recordar, que la doctrina Monroe orientó la anexión, control y estrategia de apropiación de territorios del norte de México, comenzando con la polémica "república" Texas, que se independiza de México en 1836 y se anexa a la unión Americana en 1845 —porque se logran infiltrar estratégica e ilegalmente 2 200 familias de colonos sajones de la Florida en Texas en el tiempo de la gran decisión tejana de independencia.[31] En corto, la doctrina Monroe rezaba una "democracia progresista con

---

[30] José Míguez Bonino, *Rostros del Protestantismo Latinoamericano* (Nueva Creación, 1995), p. 16.

[31] Bonino, *Rostros del Protestantismo Latinoamericano,* p. 17; Véase también, www.fmmeducacion.com.ar.

necesidades económicas que siguen el modelo norteamericano" (América para los americanos).[32]

Es precisamente este *monroísmo* con evidencias históricas de un expansionismo estadounidense lo que alimenta el temor que El Congreso de Panamá en 1916 se torne en una especie de "Panamericanismo Eclesiástico".[33] Bonino, por su parte, documenta que la participación misionera del Congreso de Panamá fue dominado por las denominaciones históricas liberales (metodistas, presbiterianos, discípulos de Cristo, bautistas americanos liberales, etc.) y afirma que aunque el Congreso representa "un momento decisivo en la autoconciencia del protestantismo latinoamericano" este congreso demuestra que es una alianza con el Panamericanismo por su formulación y representación. Los líderes de este congreso, afirma Bonino, "veían el futuro de los países latinoamericanos como un proyecto liberal".[34] Dejando este dato como punto de referencia, nos movemos ahora a sintetizar la geopolítica misionera y la agenda misma del Congreso de Panamá en 1916.[35]

¿Por qué Panamá 1916? Aunque Buenos Aires y Río de Janeiro fueron nombrados como lugares potenciales, se elige Panamá, aparentemente, por conveniencias geográficas. Sin embargo, notemos también que hay razones políticas detrás de la decisión. El evento no ocurre en cualquier lugar de las Américas. El gran acontecimiento del momento en el continente americano es la terminación del Canal de Panamá, hazaña que se debe a la visión expansionista y militarista del presidente Theodore Roosevelt. Interesantemente un ingeniero ferrocarrilero norteamericano logra lo que un abre-canales profesional francés no logra. Aquí un dato interpretativo significativo: esta construcción marca la sucesión de los imperios económicos en América Latina, de Europa a Norte América. El exitoso constructor del Canal de Suez, el francés *Ferdinand de Lesseps*, comenzó la ambiciosa

---

[32] Bonino, *Rostros del Protestantismo Latinoamericano*, p. 18.

[33] John H. Sinclair y Arturo Piedra Solano, "The Dawn of Ecumenism in Latin America: Robert E. Speer, Presbyterians, and the Panama Conference of 1916," *The Journal of Presbyterian History (1997-)*, Vol. 77, No. 1 (Spring 1999): pp. 4-5, http://www.jstor.org/stable/23335251 (accedido 14 de abril 2015).

[34] Bonino, *Rostros del Protestantismo Latinoamericano*, pp. 15, 16, 19, 20.

[35] Wilton Nelson y Juan Kessler, "The Panama Congress of 1916 and Its Impact on Protestantism in Latin America": *Evangelical Review of Theology*, Vol. 2, no. 1 (1978): pp. 41-58.

construcción del canal de Panamá en 1880 solo para culminar en la quiebra, la deshonra y con una sombra de 20 000 panameños muertos por fiebres selváticas y deslaves en un intento fallido de nueve años.[36] En 1902 el senado estadounidense decide retomar la construcción del canal y presenta una propuesta al Congreso de la Provincia de Colombia, la cual fue rechazada por el congreso colombiano.[37] En consecuencia Roosevelt despacha navíos de guerra que se ubican del lado del Pacífico y del Atlántico de Panamá para "ayudar" a la independencia política de Colombia.[38] En 1903, se independiza Panamá y se firma el convenio para construir el canal. En 1914 el proyecto fracasado del francés Lesseps es honrosamente culminado por el ingenio norteamericano, asentándose la supremacía tecnológica, militar y política de Los Estados Unidos en América Latina a partir de Panamá. Ante semejante escenario sería un tanto ingenuo pensar que la elección de Panamá solo acarreaba fines misioneros. Es obvio que en 1916 se busca complementar la hegemonía estadounidense sobre el continente, ahora por medio del factor teológico y religioso.

Las reuniones del Congreso se dan en un prestigioso y fino salón del recién construido Hotel Tívoli, en la zona del canal, alfombra roja del triunfo norteamericano. Ni la resistencia del obispado católico panameño ni su influencia sobre el gobierno logran detener la realización del Congreso. La zona del canal era desde ya, al fin de cuentas, "territorio norteamericano". La mayoría de los delegados se hospedaron en el hotel. ¿Cuántos panameños asisten al evento como delegados? El dato es una incógnita.

Estadísticas del Congreso. Según las estadísticas de la época, habían cerca de 300 000 protestantes viviendo en América Latina para 1916. De todos ellos, solo 70 000 eran latinoamericanos. Vivían unos 150 000 británicos y canadienses en las Antillas y unos 70 000 alemanes en Brasil, Chile y Argentina (luteranos). En el Congreso participaron 230 delegados, de los cuales 209 eran norteamericanos y europeos y solo 21 eran latinoamericanos. El evento fue en el idioma del Canal de

---

[36] Noel Maurer y Carlos Yu, *The Big Ditch: How America Took, Built, Ran and Ultimately Gave Away the Panama Canal* (Princeton University Press, 2011), pp. 61-66.

[37] Maurer y Yu, *The Big Ditch*, pp. 79-80.

[38] *Ídem*, p. 82.

Panamá, "inglés." Según Nelson y Kessler en el Congreso de Panamá las reuniones y plenarias fueron:

dominadas por misioneros y ejecutivos de las juntas misioneras. Había un encuentro de mentalidades misioneras, pero en ningún sentido se podrían llamar reuniones eclesiásticas, como en el caso de Edimburgo, y mucho menos encuentros transculturales.[39]

La agenda cuadrilátera del Congreso. Según Nelson y Kessler, las cuatro principales metas del Congreso fueron:

(1) *Un esfuerzo por evangelizar a las clases sociales ilustradas.* La interpretación europea protestante favorecía la idea que el protestantismo y el desarrollo nacional eran factores que colaboraban para el progreso y asumían que, así como había ocurrido en Europa, en América Latina se debía presentar la fe protestante racionalmente y con rigor intelectual. De esta manera las castas educadas superarían los abismos entre la ciencia y la fe y naturalmente abandonarían la fe católica atrapada en el dogmatismo medieval. Además, la educación protestante había mostrado en Europa ser más compatible con el progreso económico y político que la católica. Esto nunca llegó a ocurrir en el continente americano. Veremos luego por qué.

(2) *La unificación de la educación teológica en el continente.* El escaso número de latinoamericanos protestantes bien preparados era alarmante y requería remedio inmediato. Hubieron varios intentos por generar centros educativos, especialmente en Sur América, pero fracasaban (quizás las únicas excepciones sean el Seminario Bíblico Latinoamericano en Costa Rica, ISEDET en Argentina y el Seminario Evangélico de Puerto Rico fundado en 1919).[40] Nelson y Kessler observan lo siguiente: "las iglesias de las denominaciones históricas tenían los profesores y misioneros no-denominacionalistas tenían los alumnos. Las diferencias ideológicas y teológicas probaron ser un obstáculo insuperable".[41]

(3) *Añadir la dimensión social a la obra misionera.* El fenómeno de crecimiento religioso latinoamericano desfavoreció a las iglesias históricas con agenda social y se tornaron pequeñas y débiles. Esto se debe

---

[39] Nelson y Kessler, "The Panama Congress of 1916 and Its Impact on Protestantism in Latin America," p. 44.

[40] *Ídem*, pp. 54-55. Sin embargo, ISEDET cerró sus operaciones en mayo del 2015.

[41] *Ídem*, pp. 54-55.

en parte porque fracasaron en alcanzar a la clase media-alta. Mientras tanto, las misiones de fe (con efervescencia pentecostal como el caso de Chile desde 1904) crecieron voluminosamente. Estas misiones nunca se lograron encarnar integralmente en los pobres de las Américas de manera permanente. Las misiones no-históricas (non-mainline) eran más pobres y trabajaban con los pobres y algunos misioneros cooperaban en la obra social de manera asistencialista (hospitales, orfanatos, escuelas, granjas), pero nunca lograron involucrar a los pobres en su proceso de liberación, con excepción de los Adventistas en la zona del Titicaca.[42]

(4) Promover la unidad protestante. Esta era esencialmente la meta del Congreso, comenta Nelson y Kessler. El Congreso busca la manera de establecer comités locales en tantas repúblicas latinoamericanas como fuera posible. Los comentaristas notan cómo en Perú se ejemplifica este esfuerzo de conjunto y ecuménico, pero infructuoso: la Iglesia Libre de Escocia en el norte, los Metodistas en el centro y la Unión Evangélica de Sur América en el sur. Nelson y Kessler concluyen que el gran problema de la unidad protestante no reside en América Latina como tal sino en el *ADN protestante europeo* que desde el brote de la Reforma muestra un carácter divisivo (y polisémico): calvinistas, luteranos y anabaptistas siendo incapaces de trabajar en conjunto. En fin, el germen divisivo protestante vino como legado del Occidente y se sembró en las Américas, ahora injertada, ya no, en la herencia colonial sino en la raíz protestante euroamericana.

Concluimos esta sección con la atinada interpretación de Bonino en alusión al *ethos* protestante reflejado en el Congreso de Panamá en 1916:

> *El protestantismo misionero latinoamericano es básicamente*
> *"evangélico" según el modelo del evangelismo estadounidense del*
> *"segundo despertar": individualista, cristológico–soteriológico*
> *en clave básicamente subjetiva, con énfasis en la santificación.*
> *Tiene un interés social genuino, que se expresa en la caridad y la*
> *ayuda mutua pero que carece de perspectiva estructural y política*
> *excepto en lo que toca a la defensa de su libertad y la lucha contra*
> *las discriminaciones; por lo tanto, tiende a ser políticamente*

---

[42] Nelson y Kessler, "The Panama Congress of 1916 and Its Impact on Protestantism in Latin America," p. 56.

democrático y liberal, pero sin sustentar tal opción en su fe ni hacerla parte integrante de su piedad.[43]

Evangelicalismo y democracia en América Latina

Lo anterior sugiere una intención religiosa noble orientada por una agenda económica y política hegemónica, o sea, el deseo de la solidificación del protestantismo en América Latina por medio de un panamericanismo estadounidense. Consecuentemente propongo la siguiente tesis: el panamericanismo estadounidense fue utilizado como razón instrumental de dos proyectos: la protestantización y la democratización de América Latina. Añado así una serie de afirmaciones subsecuentes:

1. El Congreso constituyó (en palabras de Míguez Bonino) un momento significativo de autoconciencia protestante en el continente. Esto es innegable y positivo.
2. Así mismo, como lo muestran sociólogos y misiólogos críticos del talle de Tomás Gutiérrez Sánchez y Nelson y Kiessler, el congreso produjo el primer cuadro claro y exhaustivo de la extensión y problemática de la obra protestante en América Latina.[44]
3. El Congreso detonó una serie de congresos que le sucedieron, contribuyendo con ello a asentar más localmente la conciencia protestante latinoamericana, aunque esta conciencia e identidad protestante nunca se ha consumado. Sin embargo, esta identidad protestante latinoamericana, argumento yo, ha sufrido varias transformaciones. Por ejemplo, hemos pasado de un *origen protestante* institucionalmente dependiente y de trasplante a un *evangelicalismo regional* que muestra signos de resistencia religiosa y cultural tales como como la libertad de adoración, predicación, evangelización, liderazgo propio. El fenómeno religioso protestante ha avanzado a una *pentecostalidad criolla* con características propias de autonomía vocacional, expresión litúrgica autóctona,

---

[43] Bonino, *Rostros del Protestantismo Latinoamericano*, p. 46.
[44] Para el material de Tomás Gutiérrez Sánchez, véase Tomás Gutiérrez Sánchez, "Incidencia Del Congreso de Panamá En Las Sociedades Latinoamericanas: 1916-1920," en *Panamá 1916: Implicaciones y Desafíos Para La Misión En El Contexto* (Fraternidad Teológica Latinoamericana Consulta Norte América, 2016).

pasión evangelística global aunque con dependencias epistémicas que redundan en reducciones eclesiológicas, políticas, económicas y ético-sociales.

4. El congreso de Panamá promovió la implantación de una "cultura democrática" liberal en las sociedades latinoamericanas bajo la presuposición que tal democracia es función del protestantismo y la modernidad (colonial) euro-estadounidense.

5. Finalmente, la propuesta política subyacente del Congreso de Panamá es el panamericanismo estadounidense (monroísta) que se abre paso a través de las filas protestantes como panamericanismo religioso o eclesiástico. Obviamente, la doctrina panamericanista monroísta no tuvo aceptación por los intelectuales latinoamericanos dado que la conducta expansionista e intervencionista estadounidense se hicieron evidentes. Sin embargo, el panamericanismo como visión y agenda estadounidense continental (política, económica, cultural y educativa) ha sido un factor dominante ya naturalizado en la vida del continente; nunca se ha podido erradicar (por quienes lo ven como dañino) ni tampoco se desea hacer, puesto que las estructuras criollas dominantes que rigen la vida política, economía, cultura, religiosa, etc., se han forjado sobre el diseño panamericanista.

¿Cómo analizar teológicamente la relación Protestantismo y Democracia en América Latina? En base a lo que he documentado referente al Congreso de Panamá (1916) y los procesos iniciales de protestantización y democratización del continente y considerando además toda la evolución del fenómeno religioso protestante en el Sur Global Americano y su creciente penetración y crecimiento en las sociedades y culturas latinas mundiales, hago las siguientes preguntas:

- ¿Hasta qué punto y de qué manera podemos afirmar que el fenómeno protestante ha sido un factor democratizante y emancipador a favor y desde América Latina?
- ¿Cómo se comparan estos procesos dialécticos de protestantización y democratización sociopolítica cuando los analizamos en el telón de fondo: América Latina versus Europa y Estados Unidos?

Es obvio que estas preguntas presuponen que la emancipación social, económica, política y religiosa son aún anhelos (o procesos incompletos) de una franja continental sumida en una serie de procesos coloniales y neocoloniales. Pero entonces, si no se ha dado el desarrollo propuesto por los proyectos liberales, ¿por qué no ha sido el protestantismo un factor emancipador en las Américas en la medida que lo fue en Europa y EEUU? Para contestar estas preguntas vamos a recurrir al iluminador análisis de los sociólogos Aníbal Quijano e Immanuel Wallerstein.

Quijano, Wallerstein y el Fenómeno Protestante en las Américas. El eximio trabajo colaborativo del sociólogo peruano Aníbal Quijano (universidad de San Marcos) y el sociólogo neoyorkino Immanuel Wallerstein titulado "Americanidad como Concepto, o las Américas en el sistema-mundo moderno" ("Americanity as a concept, or the Americas in the modern world-system"), arroja cierta luz a nuestras preguntas. Todo parte de explicar cómo hemos llegado a vivir en un sistema-mundo globalizante, expansionista, de capitalismo depredador en control de una minoría privilegiada del mundo occidental.[45] Se necesitaron tres cosas para el grandioso desarrollo europeo y (por consecuencia) para el control continental de las Américas por parte de sus diferentes poderes imperiales desde hace cinco siglos, afirman Quijano y Wallerstain: (1) la expansión de su geografía, (2) la diversificación del control de la mano de obra a fin de que cada zona produjera sus diferentes productos, (3) la creación de una maquinaria estatal lo suficientemente fuerte como para mantener vivo ese control económico en sus nacientes industrias europeas. Según Quijano y Wallerstein, las Américas fueron esenciales para llenar las dos primeras necesidades europeas. "Las Américas ofrecieron un espacio" para expandirse y "se convirtieron en laboratorios laborales donde se podían poner a prueba diferentes métodos de producción antes de llevarlos a Europa".[46]

Europa durante la época de solidificación industrial no fue una sola entidad, ni una alianza perfecta. Había ciertos países del norte de Europa (i.e., Inglaterra, Alemania, Holanda, Francia) que irán dejando por

---

[45] Aníbal Quijano and Immanuel Wallerstein, "Americanity as a Concept, or the Americas in the Modern World-System," *International Social Science Journal*, No. 134 (Nov. 1992): 549-557.

[46] Quijano and Wallerstein, "Americanity as a Concept, or the Americas in the Modern World-System," p. 541.

fuera a otros en un proceso de periferización. Algunos países del sur de Europa y del este-central europeo quedarán al margen de este rapante crecimiento económico liderado por un puño de naciones. Sin embargo, algo curioso ocurre en el caso de Europa que no ocurre en el caso de las Américas; estos países en la periferia europea nunca llegaron a ser parte del "tercer mundo" ni han llegado a ser menospreciados de la misma manera que lo han sido las naciones Latinoamericanas, africanas y del Caribe.[47] La pregunta es, ¿cuál podría ser la razón? Según Quijano y Wallerstein, la razón estriba en que estos países europeos marginalizados fueron capaces de apelar a sus gremios locales (clanes) quienes en el proceso de periferización globalizante formaron bloques y resistieron culturalmente y políticamente a la expansión capitalista depredadora. Formaron así sus diversos bloques socialistas como alternativa, los cuales resistieron hasta el siglo XX.

En el caso de las Américas, los gremios locales indígenas fueron ferozmente exterminados por la violencia de la conquista, las enfermedades extrañas de Europa, las catástrofes naturales y las condiciones infrahumanas de trabajo. Sumado a esto, las culturas originarias fueron evangelizadas a través del concepto *misiones civilizatorias* de manera que sus propias tradiciones, historias ancestrales y sistemas de vida debían ceder ante el sistema colonial europeo o ser exterminadas (deicidio y epistemicidio). La vasta investigación del antropólogo Eric Wolf en su obra *Europe and the People without History* (University of California Press, 2010), demuestra que los habitantes de las Américas fueron (y aún son) considerados como "gente sin historia". El cuadro se vuelve aún más patético cuando sumamos los estudios del sociólogo boricua, Ramón Grosfoguel a quien ya hemos presentado en la introducción, el cual muestra que los pueblos originarios no solo eran considerados "gente sin historia" por cuestiones lingüísticas, sino también "gente

---

[47] Y todo esto tiene que ver no solo con lo geográfico, pero también con las categorías etno-raciales (bio-política). Este capítulo se está finalizando en tiempos de guerra: Rusia-Ucrania. Los países de Occidente están haciendo lo posible para recibir a las víctimas principalmente de Ucrania, que han sufrido la violenta invasión rusa. El problema es que son los ucranianos de ojos azules y verdes y tez blanca los que fácilmente se reciben en los países vecinos europeos, mientras que los residentes ucranianos de color e inmigrantes de otras partes del mundo son rechazados o bien relegados al final de la cola de espera de los solicitantes de asilo político. Esto ilustra hoy, en el 2022, lo que desde varios siglos atrás viene siendo la lógica de relaciones internacionales.

sin religión" por cuestiones teológicas y por ende "gente sin alma".[48] Se interconectan así tres continentes y dos tipos de genocidios/epistemicidios: *en contra de los musulmanes y judíos en la región Al-Andalus* (europea) y *en contra de los Amerindios/as y Africanos/as esclavizados/as y llevado/as al "nuevo mundo".* Por mucho tiempo las escuelas y universidades euro-norteamericanas y aun latinoamericanas han enseñado que la historia en las Américas comenzó en 1492, cuando Europa "descubrió" América. Esto dice mucho del lugar en que nos auto-posicionamos como científicos para educar a nuestro pueblo y a qué tipo de historia nos suscribimos y con qué propósito, claramente no uno de emancipación propia.

Quizás ahora podamos entender mejor la *diferencia continental* y por extensión la *diferencia protestante*. Recapitulando, en Europa los nobles de los clanes marginados apelaron a sus tradiciones, memorias y raíces y reconstruyeron su historia y vida nacional usando un modelo económico y político alternativo (al dominante en Europa, de corte marxista-leninista). Pero en las Américas el escenario ha sido totalmente diferente: un continente privado de su memoria ancestral y sin suficiente liderazgo por parte de la nobleza Amerindia (que fue exterminada y la que no estaba segregada) y expuesto a una evangelización civilizatoria que nos enseñó a ser americanos a partir de la Europa blanca capitalista o socialista. Y aquí una pregunta que cabe y debe ser abordada: ¿qué significa ser americanos a partir de Europa? Bueno, significa, por ejemplo: (1) desconocer la historia originaria (y todas las otras historias) de nuestro continente y (2) medir el valor humano y construir los espacios de privilegio y poder de forma monocultural: en base a una escala racial, étnica y de género diferenciada geográficamente en términos norte/sur, blanco/negro, rico/pobre, hombre/mujer, etc. Ante todos estos factores que hemos mencionado, a diferencia de Europa central-este, una reconstrucción de nuestra propia historia, intelectualidad, vida civil, política, religiosa, teológica, etc., ha sido muy difícil y el tipo de visión emancipadora al estilo *Nuestra América* de Martí ha sido una aspiración más que un programa de trabajo. Han pasado varios ¡100 años de soledad para Macondo-América!

---

[48] Véase, Ramón Grosfoguel, "The Structure of Knowledge in Westernized Universities: Epistemic Racism/Sexism and the Four Genocides/Epistemicides of the Long 16th Century," *Human Architecture: Journal of the Sociology of Self-Knowledge* 11, no. 1 (2013).

América para los [euro]americanos. El Patrón Colonial del Poder originado, en parte, por una cristiandad católica de *misiones civilizatorias* y reinscrita, en parte, por un evangelicalismo *panamericanista* constituyen una trayectoria cristiana de cinco siglos que avivan las llagas de la herida colonial en las comunidades del Sur Global Americano. El capitalismo depredador implantado en América Latina ha tenido nacimientos y renacimientos teológicos. Al principio de la protestantización del continente, como hemos mostrado, el capitalismo depredador se sostuvo sobre las bases de los principios de la democracia liberal panamericanista como lo abrazaron y transmitieron varias sociedades misioneras liberales. Luego, el capitalismo depredador renace reconstituido en un capitalismo de mercado y ha sido sostenido sobre las bases teológicas y esfuerzos misioneros de movimientos de santidad y misioneros conservaduristas rendidos, consciente o inconscientemente, a la ideología neoliberal estadounidense. La alternativa socialista latinoamericana tampoco ha funcionado, no solo porque los avances neoliberales de los Estados Unidos de América sobre el territorio americano han sido avasallantes, sino porque dichas expresiones socialistas continúan siendo formas occidentales de emancipación — que reducen el *humanitas* a categorías económicas y niegan las múltiples identidades raciales conectadas a los rangos de opresión. Por consecuencia, esta alternativa tampoco ha logrado penetrar las profundidades culturales, religiosas y epistémicas de las comunidades latinoamericanas ni sanar su herida colonial.

Ambas, las economías globalizantes de derecha y de izquierda occidental (conservadores y liberales) a través de los siglos han expandido sus territorios, experimentado con nuestra mano de obra y mantenido el control de los aspectos más importantes de nuestra vida continental. Dicho de otra manera, los proyectos europeos de capitalismo globalizante y, su contraparte, socialismo occidental, se fundan con el presupuesto de un pueblo oprimido una y otra vez por diferentes experimentos modernos. Lo que todavía hay que entender, en Europa y América, es que no habría Europa capitalista ni socialista sin la América colonial y panamericanizada. Este argumento busca explicar por qué y cómo las Américas han sido necesarias como periferia y accesorio (neo)colonial para la construcción de un sistema-mundo primermundista de cinco siglos que incide en toda la vida continental: nuestras identidades, conocimientos y sueños de emancipación.

Sin embargo, en muchos centros de estudios europeos, norteamericanos y aun latinoamericanos se sigue enseñando que la madre Europa y el Tío Sam "americano" han logrado su sorprendente desarrollo independientemente —a base de su alta cultura, su rigor intelectual, su desarrollo científico, su ingenio tecnológico, su genio militar, sus ideales políticos y, en casos puntuales como Estados Unidos, por obra de la gracia de Dios. La máquina epistémica mundial de Occidente se encarga de propagar este mensaje de múltiples y novedosas formas, financiando sucursales del conocimiento occidental localmente, en nuestros países, a la vez que educa a nuestras más aptos candidatos/as y las convierte en: presidentes, senadoras, científicos, pastores, generales y maestros. Al presentarlo de esta manera, el Norte Global, el Occidente, es invencible y superior a todas las otras formas de vida mundial y con merecido derecho pueden y deben liderar al resto del mundo. Esto se ilustra muy bien cuando analizamos críticamente el primer congreso Protestante de [en] Panamá en 1916, al cual hemos acudido.

En América Latina, el fracaso democrático es también el fracaso evangélico y católico. Hay un creciente consenso entre los pensadores críticos latinoamericanos que afirma que estamos hoy ante un momento de involución democrática en América Latina, pero que tal involución es de corte global e incluye importantísimos países desarrollados como Estados Unidos y el Reino Unido. El epistemólogo-economista y teórico político-social de la Universidad de Coímbra y Wisconsin, Boaventura de Sousa Santos, le llama a este fenómeno *fascismo populista* y como evidencia ofrece la sorpresiva elección y liderazgo autoritario de líderes mundiales de la talla de Donald Trump (2016-2020) en Estados Unidos, Jair Messias Bolsonaro (2019-) en Brasil, el incidente Brexit en el Reino Unido, (2020-), etc.

¿De qué manera se está dando esta involución democrática en las Américas? A través de tres negaciones, asegura, Santos. A continuación, voy a parafrasear a Santos para luego concluir con un par de párrafos en vía reconstructiva. Estas negaciones están desdibujando la democracia formal que se ha venido construyendo desde la posindependencia y se está manifestando en despotismos y fascismos aun en los países desarrollados, asegura Santos. Unido a esto está la predominancia del estado de excepción que tiene el poder de suspender los derechos constitucionales de la ciudadanía por razón de vigilancia y seguridad nacional. Excepto que el estado de excepción se ha convertido excepcionalmente en una condición permanente en donde los derechos del ciudadano se mantienen, pero pueden suspenderse por el estado en cualquier momento.

La involución democrática aparece dibujada por medio de tres negaciones:

1. La negación de la democracia por medio de un estado social que es vencido por un estado capitalista, un capitalismo antisocial. La democracia liberal que se propone en América Latina para instrumentalizar la concesión de derechos del ciudadano ante el sector privado capitalista ahora cae en manos del neoliberalismo cuya visión económica determina y subyuga la función social. Esto no pudiera estar mejor ejemplificado que en el caso de la administración y elecciones democráticas de noviembre de 2020 en los Estados Unidos de América. En una lucha anti-Trumpista, la ciudadanía estadounidense en su mayoría decidió sacar a Donald Trump de la presidencia, culminando así sus cuatro años de liderazgo autocrático. Pero en un acto insólito que asombró a la nación y al mundo, Trump no aceptó el voto nacional y vetó el proceso democrático, la voluntad de la mayoría estadounidense y trató de muchas maneras litigar su pérdida en las cortes estatales y superiores alegando que había habido fraude. El poder fascista-populista de la administración Trump fue claramente manifestado una vez más en sus esfuerzos por invalidar el voto popular, llamando a sus bases a la desobediencia civil, cuando falló su intento de litigar su re-elección en las cortes estatales y superiores. Fue claro para la gran mayoría en la nación estadounidense que Trump no era un presidente que trabajaba para la nación, sino que la nación estadounidense trabajaba para él. En esos días, Santos escribe un artículo titulado "Fascismo 2.0: Un curso intensivo", donde demuestra que estamos ante momento único en la historia y plantea el caso del presidente del país más poderoso del planeta. Hay ocho síntomas en la patología del fascismo 2.0 tipo Trump en el mundo, asegura Santos: (1) nunca reconocer resultados electorales desfavorables, (2) transformar las minorías políticas en mayorías, (3) usar un doble-standard, (4) nunca gobernar ni hablar en público con el concepto *nación* en mente, sino pensando siempre en las propias bases electorales, (5) la realidad no existe (fake news), se construye, (6) el resentimiento social es el recurso político más valioso, (7) las tradiciones políticas son los aliados desconocidos más útiles, (8) siempre, siempre hay que polarizar.

2. La negación de la democracia como negación del ciudadano. Esto se da como el abandono de un estado de seguridad del ciudadano hacia la vigilancia del mismo a favor de la seguridad del estado. Aquí, el ciudadano se propone como un sujeto bajo sospecha del estado, quien vigila constante al ciudadano. Hoy en muchas partes de América Latina el ciudadano no cree más en las estructuras gubernamentales, judiciales y ejecutivas. Ni tampoco tales estructuras creen en el derecho ciudadano. Las estructuras no se perciben como instrumentos sociopolíticos o cívicos que existen para servir a la ciudadanía sino para regularla y someterla a los procesos de capitalización del sector público y privado.

3. La negación de la democracia a través de gobiernos con democracia política, pero con fascismo social (trivialización de la democracia haciéndola innecesaria). Santos lo resume así:

> *"El fascismo social es un régimen caracterizado por relaciones sociales y experiencias de vida bajo relaciones de poder e intercambios extremadamente desiguales, que se dirigen a formas de exclusión particularmente severas y potencialmente irreversibles. Se genera así un nuevo espacio-tiempo hegemónico que atraviesa todas las relaciones sociales, económicas, políticas y culturales y que es, por tanto, común a la acción estatal y no estatal".* [49]

Conclusiones

1. Todo acto y creación colonial en las Américas conlleva también un acto de creación teológica. Sin las misiones civilizatorias católicas y el panamericanismo protestante-evangélico hubiera sido imposible para los diferentes actores euroamericanos doblegar el alma ingobernable de América Latina por cinco

---

[49] Véase, Boaventura de Sousa Santos, "Fascismo 2.0: Un Curso Intensivo," *Instituto Latinoamericano para una Sociedad y un Derecho Alternativos,* December 2, 2020, https://ilsa.org.co/2020/12/02/fascismo-2-0-curso-intensivo-boaventura-de-sousa-santos/.

siglos. La herida colonial es una herida real y supurante, con muchas incisiones, escrita en nuestra alma latina por el orden colonial fundacional y reinscrita por la construcción moderna de espacios coloniales, estructuras generadoras de pobreza y espiritualidades cristianas que des-integran los mundos y la vida continental: el reino de Dios *en el cielo* y el reino del pecado *en la tierra*. Se produce así un maniqueísmo latinoamericano carente de ética del *bien vivir* y sin una visión integradora de vida abundante en el Jesucristo *encarnado* en nuestras tierras y gentes americanas. Seamos claros en algo, no hay solo víctimas o solo victimarios en el proyecto americano. Ha tomado nada menos que una alianza macabra de extranjeros y locales, desde los días de Hernán Cortez hasta hoy, para construir una América Latina disfuncional en contraposición a una Euro-América hegemónica y aparentemente funcional.

2. En los imaginarios sociales predominantes de nuestra experiencia religiosa americana, ha predominado la creencia que Cristo vino de Europa porque vivía allí, en las tradiciones occidentales del catolicismo romano y protestantismo histórico. El mito sigue vigente excepto que arraigado en el Norte mítico estadounidense (avivamiento de la Calle Azusa, 1906-1910) y manteniendo sus conexiones salvíficas por medio de sus sucursales evangélicas y económicas en América Latina y el Caribe. Pero esto está ahora siendo rechazado con mayor gallardía a razón de la crisis que presenta la fe y la moral en las potencias dominantes de Occidente. La fosilización de la vida religiosa en Europa occidental y el desmoronamiento moral del liderazgo político y religioso de Estados Unidos y Rusia han evidenciado una crisis de carácter, valores y visiones humanas. Cayendo nuestros ídolos, nos damos cuenta de nuestra tarea onerosa y urgente de elaborar una doctrina de vida latina continental a partir de una visión teológica integral y descolonial. Aunque en los pasados siglos y décadas, ha habido intentos de elaborar nuestra doctrina de vida continental, sin embargo, el Occidente mantenía el control absoluto de dicha vida. Ahora, en vísperas de la crisis occidental y aprovechando un momento de concientización planetaria se oye con mayor claridad el llamado

del Espíritu de la Vida para actuar y reubicar la *fe en Nuestras Américas* y no más en los espacios occidentales acostumbrados.

3. El tema complejo de las identidades de América Latina y sus identidades mundializadas distan de ser una proyección propia, como ha sido el caso de Europa. Esto es positivo. En primer lugar, nos ayuda a ver la vida continental como una lucha de visiones y ambiciones que vuelcan la historia, los espacios y las gentes en territorios sin gentes (estado-centrismo de izquierda) e identidades en vías de desarrollo (neoliberalismo de derecha). La colonización ha existido a la vez que esfuerzos de descolonización se han ido dando. Recapitulando, hay unos que creen que la liberación total debe venir cuando América Latina por fin asuma por completo el proyecto moderno y sus principios liberales inacabados en dicho territorio. Otros creen, sin embargo, que cinco siglos de historia y sufrimiento son suficiente evidencia para probar que dichos *ideales solo funcionan entre iguales* y que la visión de supremacía y normatividad blanca inherente en los proyectos emancipadores occidentales imposibilita una liberación por medio de la plena occidentalización. Estos últimos recurren así a una visión más arraigada, propia dentro de lo que cabe, pero en diálogo crítico con las experiencias emancipadoras de Occidente y otros pueblos del sur en los nortes.

4. ¿Cuál puede ser el rol de la teología cristiana arraigada, vivida y enunciada desde el Sur Global Americano ante el gran desafío de re-hacer todo de nuevo? Por lo menos dos grandes tareas pueden anticiparse como programa:

    a. *La apropiación de un nuevo lenguaje teológico, misiológico y eticosocial* que parta de la euro-transcendencia epistémica y se entregue al experimento *transoccidental*. Aquí resuenan las palabras de José de Vasconcelos cuando nos recuerda que en la época coyuntural de la descolonización política en el siglo XIX: "nos revelamos con las armas, pero se nos olvidó revelarnos con las conciencias". La revolución como desobediencia epistémica (Mignolo) se constituye en nuestra primera tarea; asumir el giro epistémico transoccidental, un relanzamiento teórico y práctico que nos debe ayudar a reposicionar la identidad del sujeto-mundo en un horizonte americano transmoderno, descolonial y de fe pluriversal.

   i. Una fe que cree en el Dios que opera en las Américas rizomática y autónomamente, sin la mano invisible euro-norteamericana.

   ii. Una fe que puede ver las cosas que no son como si fueran, *la Otra América, Nuestras Américas*, el *Nuevo Mundo*.

   iii. Una fe que puede caminar con las comunidades indígenas, afrodescendientes, blancas, orientales y sus preciosos mestizajes arraigados en nuestras tierras y sus gentes en las diásporas mundiales.

   iv. Una fe que puede hacer teología desde y junto a comunidades críticas transfronterizas, así como autóctonas de nuestras tierras, como la zapatista y diáspora, y pueden darle contenido teológico al *dictamen*: un mundo [americano], en donde quepan todos nuestros mundos.

b. *La articulación de una integralidad crítica* de la iglesia por medio de la creación de una cultura cristiana descolonizadora, liberadora y reformadora del sistema-democrático americano. Y esto va más allá de los proyectos panamericanistas y aun latinoamericanistas. Por ello el concepto en cuestión aquí es la *transamericanidad*, que se resume como la perenne búsqueda de libertad de espíritu expresada como *vida propia y ciencia propia*. Esto presupone la sanidad de la herida colonial de cinco siglos impuesta sobre los habitantes de las Américas por la lógica colonial y la retórica de la modernidad occidental. Como programa emancipador se propone (1) la recuperación y reconstrucción de nuestra propia historia, recursos, capacidades y futuros posibles (José Martí); (2) la selección crítica de herramientas emancipadoras de Occidente con las cuales también se puede des-occidentalizar los puntos de exclusión y muerte del sujeto latino/a/x; (3) el diálogo y abrazo crítico con otras comunidades subalternas del Sur Global que están, junto con nosotros/as, en la lucha por un *otro mundo y otra iglesia como posible*. Para ello, el pueblo, nuestros intelectuales y líderes seculares y religiosos deben verse en la necesidad de acudir a alianzas, de buscar similitudes, de aprender a debatir sin abatir y de saber creer en el otro a favor de algo mayor que sus agendas particulares. Aquí el concepto de Santos "intelectuales de retaguardia" cabe muy bien como estrategia para "transformar el mundo a la vez que lo interpretamos". Según Santos, se deben tener en cuenta seis condiciones para dicha transformación:[50]

i. Un pensamiento alternativo de las alternativas, más que simple alternativas.

ii. La reinterpretación del mundo solo se da en el contexto de la lucha.

iii. Puesto que las luchas incorporan diversos tipos de conocimientos, la reinterpretación del mundo no se produce por un único tipo de conocimiento.

iv. Las epistemologías del sur (mecanismo epistémico para producir conocimientos transformadores desde los oprimidos/as en la lucha) desaparece al desaparecer la lucha.

v. No se necesita una nueva teoría de revolución sino una revolución de la teoría.

vi. Los intelectuales de retaguardia (quienes participan en la lucha pensando y haciendo) son los agentes epistemológicos más importantes, no los intelectuales de vanguardia (teóricos de la lucha).

Tomando en cuenta lo sugerido por Santos, todo lo anterior se traduce en ser capaces de trascender epistémicamente el imaginario de la modernidad colonial y su sistema mundo subalternizante y segregacionista. Tal tarea es un compromiso infundido, primero, por el Espíritu del Jesús Resucitado en *Nuestras Américas*, y segundo, por las aspiraciones incumplidas, en *Cien Años de Soledad,* de un José Martí a este, un inhábil heraldo. La lucha es una de reinterpretación mundial, desde las bases de la resistencia, y con un enfoque claro para la re-existencia.

---

[50] Véase Boaventura de Sousa Santos, *El Fin del Imperio Cognitivo: La Afirmación de las Epistemologías del Sur* (Editorial Trotta, 2019), p. 8-9.

Preguntas de reflexión crítica

1. Piense en la relación *doctrina-cultura-política* en su propio contexto y responda:
   a. ¿Cómo articularía una doctrina de la vida cultural y política de su entorno?
   b. ¿Qué fuentes bíblicas, tradiciones religiosas, visiones culturales y agendas políticas predominan en su doctrina de vida cultural? ¿Por qué cree usted que predominan?
2. Piense en la relación *tierra-cuerpo-tradición* en su propio contexto. Dependiendo de su propia tradición(es) religiosa(s) conteste:
   a. ¿Qué tan latinoamericana/latinounidense es su identidad religiosa (católica, protestante, pentecostal, etc.)?
   b. ¿Qué tan religiosa (use su tradición) es su latinoamericanidad/latinidad?

CAPÍTULO 3

—Cuatro ataduras coloniales del cristianismo americano—

Pedro y Juan subían juntos al templo a la hora novena, la de la oración. Y era traído un hombre cojo de nacimiento, a quien ponían cada día a la puerta del templo que se llama la Hermosa, para que pidiese limosna de los que entraban en el templo. Este, cuando vio a Pedro y a Juan que iban a entrar en el templo, les rogaba que le diesen limosna. Pedro, con Juan, fijando en él los ojos, le dijo: Míranos. Entonces él les estuvo atento, esperando recibir de ellos algo. Mas Pedro dijo: No tengo plata ni oro, pero lo que tengo te doy; en el nombre de Jesucristo de Nazaret, levántate y anda. Y tomándole por la mano derecha le levantó; y al momento se le afirmaron los pies y tobillos; y saltando, se puso en pie y anduvo; y entró con ellos en el templo, andando, y saltando, y alabando a Dios. Y todo el pueblo le vio andar y alabar a Dios. Y le reconocían que era el que se sentaba a pedir limosna a la puerta del templo, la Hermosa; y se llenaron de asombro y espanto por lo que le había sucedido. (Hechos 3:1–10, RVR60)

"Estoy cansado de ver la misma escena…" dijo de entrada el predicador cuando comenzaba su sermón. Era un joven milenial, hijo de pastor y líder de alabanza, a quien le tocaba predicar en ese domingo por la mañana. Su sermón de inmediato se sintió en toda la congregación. Nos tomó de sorpresa. Captó nuestra atención porque se refería al texto bíblico y a la vez a nosotros, una comunidad latina evangélica de Norteamérica que daba oportunidad a los jóvenes para servir en el ministerio junto con los líderes "maduros". Dijo luego: "Estoy cansado de ver más y más personas que vienen al templo esperando recibir las limosnas de Dios para apenas sobrevivir. Me da la impresión que estos hermanos y hermanas se conforman con una vida mediocre. Les confieso hermanos", continúa el joven predicador, "que me molesta ver que Dios se haya convertido en una muleta de apoyo para seguir viviendo vidas sin mayor propósito, en crisis y discapacidades frente a un Dios poderoso y compasivo. Me molesta que nos conformemos con un milagro momentáneo en vez de una vida de desarrollo integral. Hermanos y hermanas, Dios es pleno y desea afectar todos los niveles de nuestras vidas".

Cuando escuché a David abordar a la audiencia con tal osadía me sentí seriamente aludido, preocupado y a la vez gozoso. Sentí que estaba levantándose frente a mis ojos una generación inconforme, insatisfecha y hastiada de un cristianismo evangélico raquítico y trasplantado. David es un joven de segunda generación, hijo de inmigrantes centroamericanos, que, gracias al esmero y sabiduría de sus padres, los pastores de la iglesia, logró mantener las bases elementales del lenguaje español y el aprecio de su tejido cultural latino. Aprendió su parte de su latinidad en la iglesia. Además, como es de esperarse, desarrolló muy bien su primer idioma, el inglés, se educó y adquirió para sí varios aspectos culturales angloamericanos regionales. Su latinidad, que incluye y va más allá de ambas realidades culturales, era notoria.

David representa a una nueva generación de latinos/as/xs estadounidenses que se atreve a cuestionar su identidad como jóvenes evangélicos, que se saben de memoria las cuatro leyes espirituales, que reconocen los niveles de discriminación racial y cultural en las estructuras civiles y eclesiásticas, que no les impresiona más las fórmulas mágicas de sanidad y prosperidad, y que desprecian la picardía política de la pastoral evangélica hoy imperante. Me aludió la osadía de su queja y el atrevimiento de comparar lo bíblico con lo actual en tono profético. Me preocupó lo que David y su generación representa como reto a la pastoral actual y las decisiones que tendrán que tomar ambas generaciones (la pastoral actual y la emergente) a fin de dar continuidad a la fe evangélica en los Estados Unidos, las Américas y el mundo. ¿Qué modelos ministeriales, pastorales y discipulares hemos heredado a esta generación emergente? ¿Cómo prevenir que este joven no caiga en el atisbo del desprecio cultural latino y se rinda por completo a un modelo anglo-centrado y de normatividad blanca pensando que es superior? O si bien más se inclinase a sus raíces hispanas/latinoamericanas, ¿cómo prevenir que no se convierta en un caudillo religioso o "anti-gringo" una vez escogido como líder? Lo que me dio gozo fue que sentí al Espíritu de Dios muy activo en David y lo he visto muy activo en las generaciones Mileniales y Zetas de hoy en día también. Me entusiasma, asimismo, ver que varios de los que fungimos en la pastoral y la academia estamos buscando nuevas sendas y horizontes que ofrezcan una formación teológica propiamente latina, pertinente para el liderazgo y las bases que ya conforman nuestra *próxima* iglesia evangélica latina mundial.

Mi objetivo en este capítulo es doble: 1) presentar un diagnóstico teológico sobre las posibles causas del por qué nos cuesta gestar ministerios evangélicos involucrados en la transformación integral de nuestros contextos y comunidades, y 2) apuntar hacia un horizonte teológico sanador y viable para la articulación de un evangelio integral del reino en medio de un contexto global como el nuestro: empobrecido materialmente y atado epistémicamente y a la vez próspero espiritualmente. Ambos ejercicios constituyen un punto de partida para capacitar y detonar eficazmente la *próxima* pastoral latina evangélica del mundo. Aunque mi ubicación geográfica y teológica es la diáspora latina evangélica estadounidense, pretendo ofrecer un panorama global que busca abarcar las totalidades de las Américas en función de las principales influencias noroccidentales que han contribuido a la formación cultural y teológica de nuestra identidad evangélica latina. Este esfuerzo será siempre algo inacabado de frente a la gran riqueza que tenemos en nuestro continente y diásporas, por ello dejamos muchas puntas abiertas para discutir en nuestros entornos.

Cuatro escenarios de la iglesia

Comienzo por presentar cuatro breves escenarios que a mi juicio representan el grueso de la iglesia latina estadounidense (y sus conexiones latinoamericanas). Podríamos pensar estas como tendencias religiosas más que categorías fijas.

Primer escenario. Se abre el telón y aparece una comunidad *nominalmente católico-romana*. La mayoría de la feligresía se compone de inmigrantes que transportan su fe católica regional desde Latinoamérica y al llegar al Norte se refugian en *otra fe católica*, mucho más compleja y diversa que la que traen consigo. Esto les causa un *shock*. El feligrés católico inmigrante resuelve este *shock* de varias maneras: o se suma en un materialismo rapante donde Dios nos es relevante (el sueño americano) o se convierte a la fe pentecostal-evangélica. Aquí habría que poner atención a ciertas tendencias religiosas que se van dando en Latinoamérica e inciden *transnacionalmente* en los Estados Unidos. De acuerdo a una encuesta nacional de *Pew Research: Hispanic Trends Project*, el número de católicos en las poblaciones hispanas está disminuyendo considerablemente (12% en los últimos años). Al mismo tiempo, el número de hispanos que dicen ser protestantes (o no afiliados a ninguna religión) está en ascenso. El 24% de adultos hispanos (es decir, uno de cada cuatro latinos) dice haber dejado el Catolicismo. Y de ese número, la mitad lo dejó aun antes de llegar a Estados Unidos.[51] Una tercera posibilidad es que el/la feligrés se encuentre con una comunidad latina católica activa y vanguardista, lo cual constituiría la mejor de las opciones, pero que no es la más común. En este escenario la iglesia católica estadounidense asume un papel *parroquial*, de *mantenimiento* y en algunos casos, de *abogacía* en pro del inmigrante, quien constituye gran parte de su membresía. Se cierra el telón.

Segundo escenario. Se abre el telón y aparece una comunidad *inmigrante pentecostal* que también se refugia en la fe. Su fe se vive como

---

[51] Véase "The Shifting Religious Identity of Latinos in the United States," *Pew Research: Hispanic Trends Project*, Mayo 7, 2014, http://www.pewhispanic.org/. Aquí vale la pena enfatizar la importancia de la tendencia de conversión, primordialmente al pentecostalismo, que por décadas ha caracterizado a Latinoamérica. Al año 2004, casi el 40% de los Pentecostales alrededor del mundo estaban en Latinoamérica, donde la iglesia Católica estimaba un tasa de conversión (del Catolicismo al Protestantismo) de unas 8 000 a 10 000 personas por día. De acuerdo con Gastón Espinosa, "los cambios demográficos que en la actualidad suceden en Latinoamérica continúan dándole forma a la reforma religiosa que está aconteciendo entre los latinos en Estados Unidos." Véase Gastón Espinosa, "The Pentecostalization of Latin American and U.S. Latino Christianity." Pneuma 26, no. 2, 2004: 262-292. ATLA Religion Database with ATLASerials, EBSCOhost (accesada en Julio 17, 2014).

experiencia celebrativa del Espíritu a través del culto carismático. La gran mayoría de sus miembros la constituyen conversiones del catolicismo nominal y otra creciente población inmigrante que viene de iglesias pentecostales latinoamericanas. Puesto que la experiencia del Espíritu es inmediata y no tiene mucha estructuración, se da con facilidad el surgimiento de visiones, sueños, interpretaciones bíblicas privadas, palabras proféticas y ministerios espontáneos, muchos de ellos informados por los vacíos existenciales, retos sociales y económicos que envuelven la vida de los creyentes en un contexto latino minoritario en una cultura mayoritaria. Se canaliza el deseo de la prosperidad financiera (sueño americano) a través de la fe y se espera aferradamente en los favores del Espíritu. En este contexto se unen varios factores para la propagación de una teología altamente peligrosa dentro del Pentecostalismo criollo: [52] la polémica "teología de la prosperidad". Factores como una pobreza extrema, una experiencia de marginalización sociocultural, la falta de un discipulado bíblico integral y el mal ejercicio del liderazgo pastoral, apostólico y profético conspiran para proyectar un *formulismo mágico* en la imaginación religiosa del pueblo en tonos de palabra de fe, palabras proféticas, modelos ministeriales ungidos, coberturas proféticas y apostólicas, etc. Todo esto ofrece un paquete cristiano de éxito al público latino, una opción "evangélica" para convertirse en gente exclusiva, gente privilegiada, gente afluente, gente 100% gente, al fin y al cabo. "Soy un hijo del rey, merezco lo mejor" se evoca como mantra. Aquí el papel de la iglesia se plantea cómo ofrecer *albergue espiritual* y proyectar una *actitud triunfalista* en la vida del creyente. Se cierra el telón.

Tercer escenario. Se abre el telón y aparece una comunidad *protestante latina* a la que llamaremos *criolla.*[53] Esta surge dentro de las deno-

---

[52] Frase acuñada por el eticista pentecostal Eldin Villafañe. Véase Eldin Villafañe, *Introducción Al Pentecostalismo: Manda Fuego, Señor* (Abingdon Press, 2012), capítulo 4.

[53] El criollismo está históricamente relacionado a la época colonial de Latinoamérica y se refiere a los descendientes de españoles nacidos en el continente americano, los cuales mantenían un estatus social inferior al de los españoles peninsulares. Con el paso del tiempo los criollos dejaron de ser "los dominados," se convirtieron en "los dominadores" y tomaron las riendas de los proyectos neocoloniales independentistas. Fue esta clase criolla quien medió la dominación externa que buscaba imponer los centros del capitalismo industrial en América Latina; Inglaterra y Francia en el siglo diecinueve, y los Estados Unidos a partir del término de la Guerra Fría. Véase Enrique Dussel, *The Invention of the Americas: Eclipse of "the Other" and the Myth of Modernity*, (Continuum, 1995), 120. Es precisamente por esta característica "mediadora" de los intereses occidentales externos

minaciones históricas (mainline) de los Estados Unidos y se constituye de inmigrantes con niveles un poco más altos de educación que los grupos anteriores, los cuales son producto del alcance anglosajón hacia el pueblo latino en un intento de asimilación. A través de las décadas en muchas de estas denominaciones, sin embargo, se ha venido gestando una especie de criollismo latino protestante a través de la concientización de las raíces latinoamericanas. Esto se ha logrado, en gran parte, gracias al esfuerzo de líderes latinos que además de estar teológicamente formados han logrado penetrar, hasta cierto grado, las estructuras denominacionales con altos niveles de liderazgo. Esto ha abierto la posibilidad de transformar departamentos y programas latinos iniciados por iglesias anglosajonas en iglesias autóctonas latinas. El precio para producir estas iglesias, sin embargo, ha sido alto a razón de las tensiones raciales-culturales entre el liderazgo criollo y las estructuras anglosajonas que han resentido el *desprendimiento latino* de los métodos, programas y modelos eclesiales impuestos por el modelo anglosajón. En muchos casos no se da una ruptura final por dos razones: fidelidad a las raíces [protestantes] misioneras y/o la dependencia económica. Aquí el papel de la iglesia se ve como el de *afirmar la identidad étnica latina* y *promover el legado histórico protestante*. Se cierra el telón.

Cuarto escenario. Se abre el telón y aparece una comunidad marrón (Brown church) muy joven de Mileniales y Zetas evangélicos de todas las denominaciones y tradiciones pentecostales. Son miles y miles. Ellas/os están caminando muy despacio hacia la puerta de salida del santuario. Muchos ya viven afuera. Y a pesar de ello se sienten parte de la tradición evangélica, aun en contra de su lógica generacional. Es una conexión emocional. Otros van de salida, pero sus miradas están fijas en el púlpito, sus líderes, sus predicaciones, sus gestos políticos y teológicos. Todo sigue igual, los dueños de esos templos son de otra generación y mundo. La ruptura parece irremediable. Es un caminar extraño la de la iglesia marrón (Brown Church). Llena de tropiezos y lamentos. Pero no se detienen. Hay una gran decepción de la vida eclesial, de los sermones, de la música, de la indiferencia hacia los problemas sociales, políticos, raciales, de la intolerancia hacia la violencia de género y en contra de las minorías LGBTQA+ e injusticias económicas. Aquí el papel de la

---

que nos atrevemos a llamar a este tipo de protestantes: "comunidad protestante latina criolla". Su connotación es simultáneamente negativa y positiva.

iglesia se ve como (1) declarar a esa generación inalcanzable: no es la vocación de los líderes trabajar con ellos/as ni saben cómo o bien, (2) invertir un gran número de recursos para mantener a dichos jóvenes adentro: modernizar el templo, rediseñar los cultos profesionalizando la música y los recursos digitales, hacer algunos viajes de turismo misionero y lograr el mejor espectáculo posible para la honra de Dios. Se cierra el telón.

La pregunta del éxito evangélico y la misión

Estos cuatro retratos escasamente representan toda la complejidad expresada en las religiosidades latinas. No hemos mencionado los experimentos de iglesias latinas híbridas multilingües/multiétnicas de base hispánica, inglesa, portuguesa o coreana. También necesitaríamos atender a la explosión de la fe popular alternativa (síntesis religiosas)[54] como la Santa Muerte, Santería, espiritismo, chamanismo, las Sectas y el orientalismo-tibetano creciente en muchas esferas de Latinoamérica, el Caribe y la diáspora latina. La religión popular y las expresiones religiosas alternativas pueden ser entendidas como una forma de resistencia. Quizás la explosión de tales expresiones en nuestro continente y diáspora, más que un problema en sí, debe ser visto como un síntoma de una evangelización *occidentalizadora* e inconclusa que ha sido resistida de muchas maneras.

Si estas escenas recogen características que los lectores reconocen como experiencias genuinas en sus entornos, entonces podemos preguntarnos: ¿qué factores influyen sobre la pastoral de manera que sean incapaces de actuar como agentes de transformación integral? Parto de la premisa de que sí existe la articulación de una misión bíblica y teológica, pero reduccionista. También hay grandes esfuerzos por parte de varias iglesias que están mostrando un testimonio transformador impresionante, pero de forma independiente y episódica no es un estándar de nuestra fe. El grueso de la pastoral y la iglesia evangélica, sin

---

[54] Dada la controversia que rodea a la palabra "sincretismo," usamos el término "síntesis religiosa" y nos es necesario clarificar que en el contexto de este trabajo la palabra apunta a aquellas líneas porosas de fluidez de significados y prácticas espirituales que no se autoidentifican como meras extensiones o transferencias de rituales y dogmas denominacionalistas, ya sean de corte católico romano, protestante histórico o evangélico pentecostal.

embargo, continúa en un letargo misional y transformador de proporciones alarmantes.[55] Esto está ocurriendo en la globalidad del continente latino, incluyendo Estados Unidos y Canadá.

Los latinoamericanos/latino(a)unidenses hablamos algunas veces
con cierto aire de orgullo cuando nos referimos al crecimiento fenome-
nal del cristianismo en América Latina y dentro de las denominaciones
angloamericanas y europeas. Sin embargo, cuando cotejamos este éxito
de la iglesia ante los desafíos que manifiestan los mismos contextos
en que este crecimiento se da, nos quedamos atónitos. Varios ejemplos vienen a mi mente y ninguno resuelve dos problemas puntuales de
América Latina: discriminación (clasismo, racismo, sexismo, elitismo)
y corrupción.

Muchos templos y coliseos están cundidos de multitudes, pero a sus
alrededores las cárceles no ajustan para hospedar los nuevos criminales.
Hoy hay más pobreza crónica que antes en las Américas: más ricos
tienen más dinero y más pobres tienen más pobreza. En lo bueno, hay
cada vez más líderes religiosos involucrándose en la política. En lo malo,
está surgiendo hoy en día una *nueva cultura religiosa con poder político* en
Latinoamérica. Esto no es malo si se da con los debidos procesos educativos y compromisos misionales. Mas he aquí el problema, no tienen
preparación teológica adecuada ni tampoco preparación política. Por si
esto fuera poco, se han visto no pocos casos en los que los compromisos
a sus redes de apoyo van primero que los compromisos hacia la ciudadanía que los eligió. ¿Dónde está el servicio público de parte del reino
de Dios? Esto es, cuando algunos de estos/as líderes llegan al poder
lo hacen mayormente para favorecen a sus allegados evangélicos por
encima de los intereses del pueblo en general, dejando un testimonio
político muy dudoso. El riesgo es dar la impresión al público de las
Américas que la evangelicalidad es un instrumento de avance popular

---

[55] Esto ya lo han demostrado respetables eruditos evangélicos como René Padilla, Samuel
Escobar, Justo González, Juan F. Martínez. Véase C. René Padilla, *Misión Integral: En-
sayos Sobre El Reino De Dios Y La Iglesia* (Ediciones Kairos, 2012); José Míguez Bonino, *Rostros Del Protestantismo Latinoamericano* (Nueva Creación, 1995); Juan Francisco
Martínez, *Los Protestantes: An Introduction to Latino Protestantism in the United States*
(Praeger, 2011); Justo L. González, "In Quest of a Protestant Hispanic Ecclesiology," in
Teología En Conjunto: A Collaborative Hispanic Protestant Theology, ed. José David Rodríguez and Loida I. Martell-Otero(Westminister John Knox Press, 1997); Samuel Escobar, *En Busca De Cristo En América Latina* (Ediciones Kairos, 2013).

(populismo), como otros, para adquirir mayor poder político a fin de favorecer a una "clase evangélica privilegiada" (fascismo).[56]

Si en efecto, el grueso de la pastoral y la iglesia evangélica continúa en un letargo misional y transformador de proporciones alarmantes, ¿qué factores nos han llevado a esta condición de impotencia transformadora? ¿Qué nos impide asumir nuestro protagonismo religioso, cultural, social, político y económico sin comprometer los valores del reino de Dios? A continuación, identificaré cuatro corrientes internas o "ataduras" que a mi juicio han dado forma el ADN histórico de creer, servir, convivir y soñar de la iglesia y el liderazgo cristiano en las Américas. Usualmente me refiero a estas corrientes formadoras de nuestro *habitus eclesial* con el descriptivo paradigmas anti-transformadores de la iglesia latina.[57]

Los paradigmas anti-trasformadores del cristianismo americano

1. Atadura doctrinal: la colonialidad del creer y saber. A continuación, documentaré el nacimiento de lo que estoy llamando la colonialidad del creer o del saber de Dios en las Américas. Dicha atadura colonial origina y sustenta a las otras porque codifica nuestra identidad como gente colonizada y a la vez cristianizada. Esto encarna en nuestra experiencia subjetiva de humanidad (*humanitas*) continental un trauma histórico y transgeneracional conocido como la herida colonial. Esta herida colonial, vista desde nuestra perspectiva del Nuevo Mundo, puede ser considerada como el *pecado originador* de las Américas. Por ahora dejaremos este concepto importantísimo como un descriptivo teológico a desarrollar más adelante. En el volumen 2, trataremos el tema de la doctrina del

---

[56] Hay ya suficiente data de cómo iglesias y movimientos evangélicos han sido un factor determinante para la política latinoamericana. Lamentablemente, los datos arrojan luz a la incapacidad emancipadora de los mismos y apuntan a una experiencia devastadora de gobierno de extrema derecha con bases pentecostales en países muy pobres. Véase el caso de Guatemala en el artículo de Andrea Althoff, "Right-Wing Populism and Evangelicalism in Guatemala: The Presidency of Jimmy Morales," *International Journal of Latin-American Religions* 3, no. 2 (2019): pp. 294–324, https://doi.org/10.1007/s41603-019-00090-2.

[57] Un primer borrador de esta idea puede apreciarse en Oscar García-Johnson, "Paradigmas Anti-Transformadores de La Iglesia Latina," in *La Iglesia Evangélica Hispana En Los Estados Unidos: Historia, Ministerios y Desafíos*, edited by Samuel Pagán (National Hispanic Christian Leadership Conference, 2016).

re-conocimiento de Dios y el pecado originador, donde analizaremos cómo la doctrina del pecado original en el Sur Global Americano no es solo inadecuada sino dañina para describirnos, aparte de que no logra comunicar lo que el Agustín del Norte de África estaba tratando de trasmitir a su audiencia en medio de un acalorado debate con el monje británico Pelagio en el siglo V A.D.[58] Procedemos entonces a contar la historia del nacimiento del pecado originador, la herida colonial.

Desde el nacimiento de la fe cristiana en América Latina se ha planteado una relación asimétrica entre el occidental europeo y el nativo de las Américas.[59] Esta asimetría que desfavorece a la gente latina de las Américas ante su hermano noroccidental ha tenido ramificaciones fatales para el desarrollo integral *del buen pensar, buen ministrar y bien vivir* del latinoamericano y su diáspora mundial, impidiéndole ser un agente de transformación integral.

El proyecto de la conquista europea vino cargado de armas ideológicas y teológicas. El avivamiento renacentista Greco-Latino se encontraba en auge durante el tiempo de la conquista de las "Indias Occidentales". La autoridad del conocimiento se derivaba de los textos clásicos de filosofía política, metafísica, cosmología y ciencias naturales generados en Grecia y luego en Roma. Cualquier otro texto y conocimiento, principalmente de lugares desconocidos como las Américas pre-Colombinas, sería opacado y ninguneado por la superioridad renacentista del momento. A esto dicho, debemos añadir otros dos factores que ya hemos mencionado en el capítulo anterior: que el catolicismo que llegó a las Américas era de contra-reforma y que España venía de combatir a los moros por casi nueve siglos.[60] En este instante del

---

[58] Véase Justo L. González, *Introducción a la Teología Mestiza de San Agustín* (Abingdon Press, 2013).

[59] Numerosos son los ejemplos que evidencian esta asimetría, basta con nombrar el debate entre Bartolomé de Las Casas y Juan Ginés de Sepúlveda sobre la humanidad de los indígenas: Lewis Hanke, *All Mankind is One: A Study of the Disputation Between Bartolome de las Casas and Juan Gines de Sepulveda on the Religious and Intelectual Capacity of the American Indians,* (Northern Illinois University Press, 1974), la *Historia Natural y Moral de las Indias,* de José de Acosta (*https://archive.org/details/historianatural02acosrich*) o la *Historia General y Natural de las Indias,* de Gonzalo Fernández de Oviedo y Valdés (https://archive.org/details/generalnatural01fernrich).

[60] Dussel argumenta que el catolicismo ibérico que arribó al "Nuevo Mundo" era de Contrarreforma, por lo que el catolicismo latinoamericano vino a ser un fruto religioso de reacción ante el movimiento protestante del siglo dieciséis. Véase Enrique Dussel, "Historia del fenómeno religioso en América Latina", Universidad Autónoma de México, http://

nacimiento de las Américas se produce un principio hermenéutico que establecerá las líneas de interpretación bíblica, teológica, antropológica y política que imperará hasta el día de hoy. Reza así:

si los amerindios no eran igualmente de humanos e igualmente de valiosos (teológicamente) que los europeos, entonces los procesos coloniales violentos como el deicidio (el asesinato de sus dioses), el etnocidio (el asesinato de su valor étnico), el genocidio (masacres), ecocidio matricida (invasión, apropiación, desplazamiento indígena y explotación de la Madre Tierra) y el epistemicidio (exterminio de sus saberes y ciencias) quedan debidamente justificados. Porque tales sacrificios requieren del proceso de "civilización" de los pueblos indios. Entendiéndose que son los europeos a quienes se les otorga la tarea de civilizar y son los nativos de las Américas a quienes se les impone la obligación de ser civilizados, porque ante los ojos europeos no tienen civilización, historia ni religión.[61]

Esta tesis se demuestra en la práctica por medio del nacimiento de realidades mellizas, esto es, cuando América Latina y su iglesia quedan íntimamente vinculadas por la proclamación de la cruz de Jesucristo como bandera del proyecto imperial ibérico. La utilización del crucifijo como firma autoritativa de Dios sirvió para legitimar las campañas ibéricas de invasión, devastación cultural, apropiación de tierra, colonización, masacre y evangelización de las Américas. Se construye así una teología de conquista que se arraigará como *idiosincrasia* teológica y cultural, renaciendo en diferentes cultos católicos, como el culto a la virgen conquistadora. Por ejemplo, en la ciudad de Santa Fe, Nuevo México, existe una estatua de la virgen que lleva el nombre de "La Conquistadora". Georges Casalis escribe al respecto:

---

www.enriquedussel.com/DVD%20Obras%20Enrique%20Dussel/Textos/c/302.1998/articulo.pdf (accesado en Julio 16, 2014).

[61] Desarrollo esta tesis con mayor detalle en Oscar García-Johnson, "Faith Seeking for Land: A Theology of the Landless," in *Theologies of Land: Contested Land, Spatial Justice, and Identity*, ed. K. K. Yeo and Gene L. Green (Wipf and Stock Publishers, 2020). También, véanse consúltense los escritos de Juan Ginés de Sepúlveda (*Demócrates Secundus*), Fray Juan de Torquemada (*Monarquía Indiana*), José de Acosta (*Historia Natural y Moral de las Indias*), los cuales muestran esta marcada tendencia por "civilizar" a los indígenas.

He ahí a la Reina del Cielo que sirvió de escolta a Cortés. Acompañado de ella vino de España en nombre de Dios, a fin de conquistar México, y accesoriamente ordena el más grande baño de sangre de la historia americana.[62]

Además, hay que traer a la memoria la práctica adquisitiva de Cristóbal Colón al llegar a las tierras de las "Indias Occidentales". A los reyes españoles le informa Colón: "Y en todas las tierras a donde los navíos de Vuestras Altezas van y en todo cabo mando plantar una alta cruz".[63] De esta manera, afirma Luis Rivera Pagán, "Colón va poniendo cruces en lugares estratégicos como símbolo de la toma de posesión".[64] Violencia, invasión y fe se unen bajo la insignia de la cruz que viene a representar en las Américas, explica Rivera Pagán, un territorio poseído para la iglesia y los Reyes Católicos. "Tras la cruz evangelizadora", concluye Rivera Pagán, "se oculta, no muy velada, la espada conquistadora".[65] Esta realidad histórica impactó enormemente la imaginación cultural y religiosa de Latinoamérica y fortaleció el gran poder hegemónico de Occidente que dio paso a la lógica colonialista moderna que ha mantenido por cinco siglos parcialmente desarticulado el pensamiento y práctica de vida autónoma del continente.

La conciliación de la espada y la cruz como pilares de la conquista y la evangelización de la Américas engendró tres *creencias infames* en la psiquis latinoamericana, mismo que hasta el día de hoy informan nuestra visión de ser gente, hacer vida y transformar el mundo:

(1) El sufrimiento del latinoamericano es una realidad histórica determinada por Dios, lo cual se ilustra por medio del triunfo de la Conquista europea. Para conquistar a los nativos habrá que convertirlos, y para convertirlos habrá que matar a sus dioses, subyugarlos, y si aun así no se asimilan a la cultura religiosa occidental, habrá que sacrificarlos por medio masacres. El fatalismo como hermenéutica de la historia latinoamericana la

---

[62] Véase Georges Casalis, "Jesús: Ni Vencido Ni Monarca Celestial," en *Jesús: Ni Vencido Ni Monarca Celestial*, ed. José Míguez Bonino (Tierra Nueva, 1977), p. 122.

[63] Cristóbal Colón y Consuelo Varela, *Los Cuatro Viajes: Testamento*, El Libro De Bolsillo (Alianza Editorial, 1986), 245.

[64] Luis Rivera Pagán, *Evangelización Y Violencia: La Conquista De América* (Editorial Cemi, 1991), p. 15.

[65] Pagán, *Evangelización y Violencia*, p. 15.

expresa bien Georges Casalis en su lúcido ensayo "Jesús: ni vencido ni monarca celestial" a través de las siguientes palabras:

> *Todos encuentran una razón para resignarse a su suerte, y para aceptar su destino de pueblo vencido y abatido. La esencia de semejante religión es la pasividad ante la desgracia y el mal; la aceptación de la vida tal como se da.*[66]

(2) Cristo ejemplifica la tragedia e invita a contemplarla (casi adorarla) en la vida diaria. Casalis, nuevamente, nos brinda una interpretación teológico-cultural impresionante:

> *Este Jesús abatido no es, en efecto, más que la representación del indio vencido, de ese pobre de todos los pueblos en los que desde Cortés, nada ha cambiado; es el miserable de los inmensos barrios bajos de todas las grandes ciudades, donde el estado subhumano sobrepasa el entendimiento y las palabras, pero que de lejos, aparece como puerto de salvación para todos los explotados y hambrientos del campo.*[67]

En un próximo volumen trataremos el tema de las jesuologías y cristologías del Sur Global Americano, en las cuales abordaremos las ramificaciones geopolíticas, teológicas y éticas de ese pensamiento subliminal anti-transformador.

(3) Dios bendice al extranjero-en-poder y tolera el uso de la violencia imperial para cumplir sus propósitos en nuestras tierras y con nuestros pueblos. En palabras del intelectual mexicano y premio Nobel de literatura, Octavio Paz, "España era la defensora de la fe y sus soldados los guerreros de Cristo".[68]

---

[66] Georges Casalis, "Cristo y la Política: Ellacuría, I. Carácter Político de la Misión de Jesús" en *Jesús: Ni Vencido ni Monarca Celestial* editado por José Míguez Bonino (Tierra Nueva, 1977).

[67] Casalis, "Cristo y la Política", p. 122. Véase además la crítica de Juan Mackay, *El Otro Cristo Español,* John A. Mackey, *The Other Spanish Christ: A Study in the Spiritual History of Spain and South America* (The Macmillan Company, 1933). También véase Urs Bitterli, *Los Salvajes y los Civilizados: El encuentro de Europa y Ultramar* (Fondo de cultura económica, 1982).

[68] Octavio Paz, *El Laberinto de la Soledad* (Fondo de Cultura Económica, 2004), p. 107.

En conclusión, esta trilogía de fatalismo y tragedia histórica codificará teológicamente la mentalidad colonial en las Américas hasta el día de hoy.

De esta fuente de creencias brotarán una serie de mentalidades y prácticas que serán personificadas por una virulenta lista de caudillos, dictadores, regímenes totalitarios, estructuras de poder (de derecha o izquierda), mega-líderes cristianos, etc. Esto me conduce al segundo factor.

2. Atadura caudillista: colonialidad del poder y del servir. Una teología de conquista naturalmente redunda en una crisis de identidad en el sujeto latinoamericano/latino(a)unidense cuando este se enfrenta al uso del "poder". Los estudios postcoloniales explican esta problemática a través de la lógica binaria colonial. O sea, quien ha sido colonizado violentamente ha sido conquistado *simbólicamente*: su mentalidad e identidad no le pertenecen.[69] Ha aprendido a verse a través del espejo del colonizador y de su condición colonial que siempre aparece en pares: conquistador-conquistado, colonizador-colonizado, señor-siervo, bueno-malo, salvo-perdido, rico-pobre, blanco-negro, conservador-liberal, iglesia-mundo, etc. El latinoamericano/latino(a)unidense hasta el día de hoy no resuelve su crisis de identidad y continúa resbalando en un círculo vicioso de dependencia ideológica y política con un rechazo violento hacia la misma. Traemos de nuevo esta memorable cita de Octavio Paz, el gran intérprete de la cultura latina de la Américas, que personifica esta realidad en varios de sus personajes del *Laberinto de la Soledad*:

> *Doña Marina se ha convertido en una figura que representa a las indias, fascinadas, violadas o seducidas por los españoles.*

> *El mexicano no quiere ser ni indio, ni español. Tampoco quiere descender de ellos. Los niega. Y no se afirma en tanto que mestizo, sino como abstracción, es un hombre. Se vuelve hijo de la nada. Él empieza en sí mismo.*

---

[69] Véase Etienne Balibar e Immanuel Maurice Wallerstein, *Race, Nation, Class: Ambiguous Identities* (Verso, 1991).

Aún respiramos por la herida. De ahí que el sentimiento de or-
fandad sea el fondo constante de nuestras tentativas políticas y de
nuestros conflictos íntimos.[70]

Aunque Vasconcelos logra describir la ambigüedad implícita en la experiencia de mexicanidad no logra darle sentido: "español" nunca llegará a ser "indio" nunca lo fue porque dicha identidad fue un occidentalismo, no existían los "indios" en Abya Yala antes de la conquista. Por lo tanto, el concepto "hijo de la nada" es inapropiado. Es hijo de la modernidad colonial y de su propia resistencia a la misma. Esto se deja ver en la dinámica de resistencia colonial. En corto, aborrecimos al conquistador/colonizador y para liberarnos de este odioso personaje creamos otro, no menos violento ni menos odioso, al cual le llamamos "caudillo". ¿Y quién es el caudillo? ¿Quién es el "Facundo" de Sarmiento?[71] Es uno de nosotros, que tiene una voluntad fuerte como para empujarnos y controlarnos, y a quien por su espíritu aguerrido el poder imperial le ha reclutado para gobernarnos. Además, le ha entrenado para tal tarea con las armas y las letras que proyectan al poder imperial como algo necesario y bueno para el orden público. ¿Qué mejor que un nativo *con mentalidad colonial* para controlar al resto de los nativos? Este caudillo lo vio México, por ejemplo, en la persona de Porfirio Díaz, el mayor *afrancesador* del país en la historia.

A este personaje aguerrido y entrenado para controlarnos, llamado caudillo, le llevamos poco a poco al punto de la sublevación en contra del poder colonial. Hacemos del caudillo nuestro líder y esperamos que nos guíe rumbo a la victoria, rumbo a la independencia del poder imperial. Acabo de describirles, a grosso modo, la lucha independentista de los países latinoamericanos.

A este punto ocurre un fenómeno paradójico en el liderazgo latino de las Américas. Ya en el poder, el caudillo deja de ser del "pueblo". Ya no es más uno de nosotros, hombre de carne y hueso erguido como símbolo popular criollo. Ya no más, ahora el caudillo se distancia de sus seguidores pues ellos son sus súbditos y por lo tanto sus enemigos potenciales. Obviamente, el líder caudillo identifica a los potenciales

---

[70] Paz, *El Laberinto de la Soledad*, pp. 94-97.

[71] Domingo Faustino Sarmiento, *Facundo: Civilización y Barbarie* (Librería de la Facultad de J. Roldán, 1916).

caudillos locales para hacer una de dos cosas: o los hace parte de su escolta y gobierno para protegerlo e informarle de posibles insurrecciones, o los desaparece. Lo lamentable de este proceso es que el caudillo y el pueblo han logrado librarse del poder político del imperio extranjero, pero no del poder simbólico y espiritual del mismo. El líder-caudillo se ha transformado en el otro-colonizador, al cual hoy llamamos dictador.

La figura del dictador ha sido tema central de numerosas novelas Latinoamericanas: *Amalia* (1851) de José Mármol, *El Matadero* (1871) de Esteban Echeverría, *El Señor Presidente* (1946) de Miguel Ángel Asturias, *La Sombra del Caudillo* (1929) de Martín Luis Guzmán, *El Otoño del Patriarca* (1980) de Gabriel García Márquez, *La Fiesta del Chivo* (2000) de Mario Vargas Llosa, entre otras. La imagen del dictador como un ser cruel, vulgar, explosivo y dominante se repite una y otra vez en la literatura latinoamericana. Enrique Lafourcade, en su obra *La Fiesta del Rey Acab*, revive al dictador Rafael Leónidas Trujillo así:

> *–¡Soy el amo! –aulló Carrillo estrellando su vaso de cristal contra el muro. Puedo hacer lo que quiera… ¡Lo que quiera! –se enjugó la transpiración… Estoy en mi casa –agregó, balanceándose, con las piernas entreabiertas–, soy el dueño de mi país, y si se me antoja hizo un gesto con la mano– los barro… ¿Me oyen? ¡Los barro como alimañas, a todos!…*[72]

Podríamos resumir todo lo anterior diciendo lo siguiente: el liderazgo político, religioso, económico del latinoamericano (en América Latina y la diáspora) descansa en un *movimiento pendular* codificado binariamente que va desde el rol del Colonizador hasta el del Caudillo. La pregunta que nos debemos hacer es la siguiente: ¿Son estos roles de colonialismo y caudillismo realmente latinoamericanos? ¿O más bien máscaras de "orfandad" que esconden nuestro trauma, crisis, miedo y soledad (Octavio Paz)? A mí me parece que el colonizador extranjero sigue gobernando nuestros países, estructuras, familias e iglesias en la forma de una mentalidad latina colonizada que busca el sometimiento de los insurrectos locales.

---

[72] Enrique Lafourcade, *La Fiesta del Rey Acab* (Monteávila, 1969), p. 254.

En conclusión, la tarea del líder, así como la hemos descrito, no es servir ni transformar su contexto de manera pacífica, democrática o kenótica (Fil 2:1-11), sino ejercitar el poder desde las bases del caudillismo (insurrección) o desde la silla del poder imperial (jefatura, presidencia, pastorado). El líder de mentalidad colonial buscará ascender, someter y mantener el control de la situación y la gente por el máximo tiempo posible. Esta lamentable dinámica político-cultural ha trascendido al líder y ha llegado a infectar al resto del pueblo. Nuevamente, el mal no reside únicamente en el líder, tal ejercicio del poder es lo que espera el pueblo de un líder, y al no verlo realizado, el pueblo tiende a sublevarse y buscar a otro caudillo que lo represente en la lucha por su identidad. *El mal vive anidado en la mentalidad colonial del latino.* ¿De qué manera impacta esto a la iglesia evangélica latina? Veamos a continuación en el siguiente apartado.

3. Atadura segregacionista: colonialidad del convivir eclesial. Nada me llenaría de más gusto que sugerir que la llegada del protestantismo a Latinoamérica cambió rotundamente la condición de mentalidad colonial en el líder latinoamericano y la iglesia. Pero tal aseveración sería otra máscara, otro instrumento para perpetuar un mito que conviene a una clase en poder o una nación o raza en detrimento a todo un continente. Recordemos que los dos grandes acontecimientos latinoamericanos del siglo XIX fueron la independencia política de las naciones latinoamericanas y la llegada del protestantismo. La independencia ciertamente disminuyó la influencia del catolicismo ibérico en la vida política y cívica del nuevo continente, mientras que la incursión del protestantismo sirvió para construir los puentes sobre los cuales se transportarían los nuevos amos culturales, religiosos, políticos y económicos de América Latina, Los Estados Unidos de América.

La llegada del protestantismo a América Latina se da en un momento crucial de superposición de poderes imperiales en el continente: de la Corona Ibérica a los imperios británico-norteamericanos y franceses. Esta superposición nos lleva de un sueño de conquista a otro: del sueño ibérico de colonización al sueño americano de expansión y desarrollismo. En esta coyuntura histórica las misiones protestantes norteamericanas serán utilizadas para promover e idealizar la cultura "americana-estadounidense". En primer lugar, la utilizarán las élites latinoamericanas en el poder que buscaban desprenderse del catolicismo ibérico. La opción protestante surgirá como algo muy conveniente para el espíritu independentista latinoamericano porque se había visto que en Europa desde hacía dos siglos *ser protestante* había venido a significar *ser anti-católico*.[73] En segundo lugar, la opción protestante vendrá a favorecer a los monopolios estadounidenses que comenzaban a adquirir tierras e implantar economías extranjeras en muchos países latinoamericanos.

A pesar de su asociación indirecta con los programas de occidentalización de Latinoamérica, las misiones protestantes en su inicio harán su trabajo evangelístico y teológico muy eficientemente y plantarán muchas iglesias, levantarán escuelas y centros de educación teológica. El problema será que la generación de misioneros protestantes que más influencia tendrá sobre las bases del protestantismo latinoamericano traerá consigo una serie de trastornos políticos, teológicos y culturales. A muchos los trajo el *mito occidental* de exclusivismo histórico que se llevó a los primeros colonos en Norteamérica a fundar la república estadounidense, concebida entonces como el nuevo Israel, *un Destino Manifiesto*.[74] Josiah Strong resume de manera muy vívida este pensar del anglosajón como "la gran raza misionera:"[75]

> *...es a los pueblos ingleses y norteamericanos a los cuales se les ha confiado la evangelización del mundo... para que todos los hombres sean levantados a la luz de la civilización cristiana más alta. Añadamos a estas consideraciones el hecho de nuestro rápido y creciente desarrollo en los tiempos modernos y tendremos una bien clara demostración de que Dios está, no solo esperando nuestra civilización*

---

[73] De igual manera, y como mencionamos anteriormente, el catolicismo del siglo dieciséis en delante se había convertido en un movimiento de auto-defensa y anti-protestante. De ahí la propagación de las cruzadas "anti-luteranas" del más grande inquisidor español, Tomás de Torquemada.

[74] El concepto de "destino manifiesto" resulta de un entrecruzamiento entre política y religión que se asocia con la idea de que la providencia le ha asignado a los Estados Unidos dominio sobre otros países. Esta ideología "representa uno de los principales núcleos alrededor del cual los norteamericanos han integrado un punto de vista cultural-religioso del lugar de su nación en la historia," desencadenando un imperialismo cultural que ha acompañado, en la mayoría de los casos, a las organizaciones norteamericanas misioneras en sus viajes evangelísticos alrededor del mundo, especialmente Latinoamérica. Véase Rúben Lores, "El Destino Manifiesto Y La Empresa Misionera," Vida y Pensamiento 7, no. 1 y 2 (1987).

[75] Josiah Strong, *Our Country*, (The Baker and Taylor Company, 1885), p. 209.

*Anglo-Saxona como el dado con el cual estampar los pueblos de la
tierra, sino que también está preparando junto con ese dado todo el
poder necesario para hacer la impresión.*[76]

Otro trastorno será el divisionismo teológico estadounidense *fundamentalistas-versus-liberales* de la década de los veintes, mismo que vitalizará en gran manera la pasión misionera de quienes llegaron a evangelizar a Latinoamérica.[77] Por último, los misioneros más conservadores (quienes procedían de raíces pentecostales y de los movimientos de santidad) traerán consigo un "evangelio completo", pero "completamente predicado en la jerga dispensacionalista". Esto suscitará en América Latina una visión separatista en cuanto a *iglesia y cultura* e *iglesia y política*.[78] El grueso del cristianismo evangélico en Latinoamérica manifestará desde entonces una cultura cristiana "anti-política", pseudo-monástica, escapista y apocalíptica.

Hoy, después de más de un siglo, sabemos que no heredamos el entendimiento de un evangelio encarnado para transformar nuestro entorno, y esto está genéticamente registrado en el ADN del cristianismo latino de las Américas. Es preciso decir que la empresa misionera sí nos transfirió el mensaje de Jesucristo, sin embargo, falló en algo visceral, esto es, en la práctica *encarnacional* de Jesucristo. Esto nos ayuda a entender que nuestras instituciones religiosas tienen en su constitución genética el defecto de una cristología truncada y reduccionista. Según Eduardo Font, un destacado educador bautista latino, la transformación

---

[76] Strong, *Our Country*, citado por Rubén Lores en "El Destino Manifiesto y la Empresa Misionera," *Vida y Pensamiento 7*, nos. 1 y 2 (1987), p. 210.

[77] Este movimiento separatista fue acuñado por David O. Moberg como "el gran retroceso" de la conciencia social evangélica, ya que desencadenó un espiritualismo despreocupado del compromiso social, un conservadurismo teológico que creó un estereotipo de mentalidad "cerrada, beligerante y separatista" y una ética de separación del mundo acompañada de rigidez legalista. Véase Fernando Bullón, *El Pensamiento Social Protestante y el Debate Latinoamericano sobre el Desarrollo* (Libros Desafío, 2013), pp. 120-121.

[78] Sin embargo, la tesis de Lores es que esta conceptualización "apolítica" de las misiones norteamericanas en América Latina se presenta un tanto incongruente, ya que el movimiento de personas entre países conllevaba implicaciones políticas significativas (por ejemplo, el hecho que muchos misioneros eran invitados por gobiernos locales creyendo que su arribo favorecería el ambiente político y lo haría más atractivo). De tal suerte, el verdadero significado de las misiones "apolíticas" era que uno venía a formar parte de los defensores del status quo para delicia del gobernante en poder. Para un análisis más profundo de esta perspectiva véase: Rubén Lores, "El Destino Manifiesto y la Empresa Misionera," *Vida y Pensamiento 7*, nos. 1 y 2 (1987), pp. 217-218.

que se buscaba era la individual, no la colectiva, pues esta se conseguiría con la suma de las transformaciones individuales.

De aquí se desprende el hecho de que no se dan con facilidad ministerios integrales en nuestros entornos evangélicos latinos (en Latinoamérica y su diáspora mundial). O sea, el grueso de nuestro cristianismo continental latinoamericano sufre de una cristología truncada preñada de un *evangelicalismo* estadounidense que cojea a causa de su ética individualista. Por consiguiente, hoy conservamos en nuestro amado continente y su diáspora latina toda una generación de iglesias y ministerios truncados, cuyas éticas individualistas se ven incapacitadas de responder a la realidad total de lo que implica vivir en un contexto post-colonial, y donde las fuerzas globalizantes de la cultura del espectáculo occidental, el consumismo, la tecnocracia, el capitalismo informático, la migración, el desplazamiento, etc., están generando nuevas desigualdades y niveles de pobreza e injustica en nuestras comunidades donde la iglesia ministra. Se requiere más que nunca una conciencia viva del mundo y una visión teológica que dé tejido a la vida social y pública expresada a través de una convivencia eclesial, integradora y emancipadora. Sin embargo, la lógica subliminal que predomina en la estructura eclesiástica reza así: *una cristología no-encarnacional aunada a una ética individualista produce una iglesia no-encarnada con una conducta social des-integral no transformadora.*

4. Atadura evangelística: colonialidad del soñar escatológico.[79] Por vivir sumidos en una matriz occidental neocolonial, el/la líder latinoamericano/latino(a)unidense y la iglesia se ven atrapados entre dos mundos ficticios que los mantienen alejados de los procesos transformadores necesarios para nuestro tiempo y nuestra gente.

En el primer mundo, se da una iglesia conformada al estatus quo, producto del determinismo socio-político y religioso acomodado a la cultura occidental dominante, donde la norma de lo relevante y lo exitoso es la iglesia anglosajona. Como consecuencia, el músculo ético social de la iglesia latina se atrofia a causa del desuso. Al fin y al cabo, en este

---

[79] La investigación de la profesora alemana Andrea Althouff documenta con ejemplos y perspectivas puntuales la alarmante relación neopentecostalismo, política y populismo. Althoff, "Right-Wing Populism and Evangelicalism in Guatemala: The Presidency of Jimmy Morales."

imaginario la iglesia occidental "adulta" es la responsable de la transformación social, no la iglesia "hija".

En el otro mundo, se da una iglesia triunfalista, producto del mesianismo evangélico norteamericano que ahora está siendo superado por el nuevo mesianismo evangélico latinoamericano de talante global. Los modelos proponentes son usualmente los mega-ministerios y mega-líderes del sur que han ido asumiendo una especie de *Destino Manifiesto Latinoamericano*. Esto quiere decir que la iglesia y la comunidad latina estadounidense están en la mira de los proyectos evangelísticos de varios mega-ministerios latinoamericanos. La propuesta es atractiva: "ahora es el turno de las iglesias latinoamericanas y latinas". Aquí en el imaginario evangélico de la iglesia latina estadounidense se sueña con "ser tan triunfadora, exitosa y multitudinaria", como lo son sus hermanas iglesias latinoamericanas que sin ayuda de los anglosajones han logrado no solo subsistir, sino brillar al punto de ir a las ciudades, naciones y culturas del mundo propagando sus visiones internacionales.

Observemos que, en este otro imaginario, la iglesia latinoamericana surge como el nuevo pueblo escogido de Dios, llamado a traer avivamiento y transformación al mundo entero. No tengo que contarles acerca de los populares peregrinajes de pastores y líderes latinos/as que viajan constantemente hasta la "Meca" latinoamericana, donde visitan varias mega-iglesias que exhiben sus grandes logros; van para aprender a ser líderes exitosos y multitudinarios. Surge así para la iglesia latina estadounidense una *nueva utopía* del triunfo con la ambición de ser tan "exitosa" como sus hermanas latinoamericanas. El precio, sin embargo, parece ser otro tipo de subyugación; una *subyugación de contexto* donde se debe pasar por alto la vida de diáspora *(diaspo-ricidio)*. El gran problema es que el nuevo evangelicalismo latinoamericano no ha resuelto los problemas antes planteados (mentalidad colonial, liderazgo caudillista, eclesiología reduccionista y visión dos-mundista). A pesar de ello, hay una exigencia ministerial, eclesiástica y económica por parte de influyentes mega-ministerios latinoamericanos cuando es tiempo de compartir sus visiones con las iglesias latinas estadounidenses. Se exige que, para poder ser parte de ellos, y tener el mismo grado de éxito cuantitativo-espiritual, se requiere "la copia al carbón, el branding". Luego de cumplir con estas exigencias, basta con tener fe para llegar al éxito. "¡Porque el Dios de la iglesia latinoamericana es el mismo Dios de la iglesia latino(a)unidense!" Se enfatiza.

Conclusiones

1. La constitución del líder y de la iglesia evangélica latina de las Américas lleva consigo una serie de creencias de conquista y neocoloniales que les impiden ser lo que deben ser dentro de su propio contexto. La iglesia y el líder deben aprender a vivir su propio cristianismo y desprenderse de la matriz de dependencia occidental moderna.

2. La imagen del líder debe descolonizarse y lograr trascender la dicotomía colonial de colonizador-caudillo. Debe experimentar con alternativas bíblicas post-*imperiales* que busquen recuperar a un Cristo trinitario que vive encarnado, que se desenvuelve como agente comunitario de transformación integral y que renuncia a la violencia colonial/moderna como manual de gobierno y desarrollo.

3. La iglesia debe también descolonizarse y encarnarse de lleno en su contexto. Debe aprender a reconocerse como parte del cuerpo social y cultural al cual ha sido llamada a servir. La iglesia no tiene la opción de ser *conquistadora del mundo o colonizadora de la sociedad*, pero debe ser un agente transformador dentro del mundo y su contexto. Para ello debe aprender a ser la iglesia de su pueblo y asumir las narrativas denegadas por la modernidad colonial: las raíces precolombinas, la africanidad, el pobre, el indígena, la mujer, el niño, el medio ambiente, la tierra, etc. Debe aprender a ser iglesia *nuestramericana* en el sentido amplio e intercultural de la palabra, no una iglesia con mentalidad colonial, europeizada-o-americanizada, homogeneizada, o asimilada al punto de negar la polivalencia de sus muchas identidades. En todo caso la iglesia tendría que ser, tal como lo vemos desde Hechos 2 hasta el Apocalipsis, siempre polifónica, políglota, pluriversal, transoccidental, etc. La iglesia de Jesucristo nunca será hija de una sola raza, cultura, nación, etnia, geografía. Siempre será una madre pluri-cultural que afirma y ama a sus hijos de cada cultura, una madre que los ayuda a encontrar, en función del Espíritu de la Vida, maneras de convivir con respeto mutuo, cuidado, justica y compasión.

4. Todo lo anterior parece indicar que estamos ante la gran necesidad de una profunda re-alfabetización teológica y re-configuración del cristianismo como agente de liberación integral latino en y desde el Sur Global Americano. Estamos en la gran necesidad de que el Espíritu Sin Fronteras nos guíe por un sendero descolonizador, concientizador, liberador y sanador. En la medida que nos re-originemos teológica, cultural, educativa, geopolítica e institucionalmente podremos y deberemos producir teorías y praxis desde las luchas epistémicas de las bases en un esfuerzo de intelectualidad integral donde los intelectuales tradicionales (vanguardia) y artesanales (retaguardia) juntan conocimientos y agendas para reconstruir un imaginario *nuestroamericano,* donde nuestro Nuevo Mundo sea visible y accesible; "un mundo donde quepan todos nuestros mundos".

Preguntas de autoreflexión

1. Piense en cada una de las ataduras coloniales y pregúntese ¿qué elementos, de cada atadura colonial, ha sido parte de su propia experiencia cristiana?
2. ¿Qué porcentaje de colonialidad piensa usted que le atribuiría a cada elemento que ha identificado en la pregunta 1?
3. ¿Cómo presentaría usted un taller de la descolonización del pensamiento y el liderazgo ministerial de forma creativa y efectiva, esto es, sin asustar a la audiencia antes de culminar su enseñanza?

CAPÍTULO 4

—Por qué la teología sistemática del norte no funciona en el sur —

Teología sistemática y formación teológica en América Latina

En el verano del 2013 visité varios centros de estudios teológicos superiores en América del Sur y Centro América, con el fin de comprender mejor por qué no se ha dado una teología sistemática propia desde América Latina.[80] Utilicé una metodología etnográfica y de análisis temático para recolectar la data y llegar a las conclusiones que les ofreceré luego. De entrada, transgredí ciertas presuposiciones que forjan los patrones normativos de mi campo de investigación:

1. *El dónde*: viajar de regreso a América Latina, siendo yo mismo latinoamericano inmigrante en los Estados Unidos, para escuchar las voces regionales de las Américas y aprender acerca de un tema que domina la academia estadounidense.

---

[80] Esta investigación fue llevada a cabo en parte gracias a una beca de investigación pedagógica ofrecida por The Wabash Center (2011-2012). Dicha institución se dedica al desarrollo holístico de la docencia en el campo de los estudios superiores de la teología y la religión.

2. *El cómo*: utilizar etnografía y análisis temático como método de investigación siendo yo un teólogo sistemático.

3. *El qué*: interrogar la relevancia del campo disciplinario desde el no-Occidente, o sea, indagar si una teología sistemática latinoamericana es posible o no.[81]

Se organizaron varias reuniones, en diferentes seminarios y universidades, a nivel grupal e individual. En cada ocasión presenté a los participantes cuatro documentos con temas que provocaban el diálogo crítico e incluían un set de preguntas para la socialización del conocimiento y el registro de la información. Los temas y las preguntas fueron las siguientes:

1. **En búsqueda de las narrativas teológicas latinoamericanas**
   - *¿Qué temática debiera guiar nuestra teología sistemática evangélica en el contexto continental de Las Américas?*
   - *¿Con qué tema comenzamos y con cuál culminamos?*
   - *¿Qué fuentes debiésemos considerar como primarias y secundarias para nuestro propio teologizar?*
   - *¿En qué aspectos debe una teología sistemática latina diferenciarse y asemejarse a las teologías sistemáticas occidentales?*

2. **En busca de una identidad religiosa continental**
   - *¿Cómo debe de concebir Latinoamérica a los más de 60 millones de latinos/as/x que son parte de los Estados Unidos y Canadá de Norteamérica y los casi 4 millones de latinos y latinas que conforman Europa?*

---

[81] El asunto del pensamiento teológico independiente en el Sur Global Americano está entrelazado con el asunto del pensar filosófico en esta región del mundo. El pensar desde, debajo de y más allá de las fuerzas materiales y simbólicas que impactan la condición de vida en Abya Yala son experiencias de intersección que afectan el pensar desde muchas aristas. Una fuente indispensable para entender el desarrollo del pensar filosófico del Nuevo Mundo es la obra *Latin American Philosophy: Currents Issues, Debates* editada por Eduardo Mendieta. Esta obra nos provee una visión erudita y actualizada de las condiciones cognitivas e históricas que nos permiten tan siquiera poder hacer el tipo de preguntas que hacemos en este ensayo y pensar a la vez en los efectos que produce hacer dicha pregunta, por parafrasear a Michael Foucault, lo cual esperamos nos lleve no a la decepción de la imposibilidad sino a la esperanza de un mañana teológico. Véase, Eduardo Mendieta, ed. *Latin American Philosophy: Currents, Issues, Debates* (Bloomington, IN: Indiana University Press, 2003).

- *¿Cómo debe entender Latinoamérica sus propias fronteras geopolíticas, culturales, étnicas, económicas y religiosas ante semejante realidad?*
- *¿Podría hablarse hoy de una identidad latina global? ¿Cuáles serían sus rasgos?*

3. **En busca de los rostros populares de Cristo en Latinoamérica**

- *¿Qué rostros de Cristo predominan en la imaginación popular de nuestro pueblo evangélico latinoamericano? ¿Qué usos le da la gente evangélica a Cristo cotidianamente?*
- *¿Hasta qué punto las imágenes o rostros populares de Cristo son captadas y articuladas por los discursos cristológicos latinoamericanos y latinos?*
- *¿Hasta qué punto las predicaciones, enseñanzas, liturgias y acciones cívicas reflejan una cristología popular en nuestras iglesias?*

4. **En busca de ser iglesia en el contexto migratorio y transnacional latinoamericano**

- *¿Qué significa ser iglesia latinoamericana en un contexto migratorio, transnacional y neopentecostal? ¿Qué funciones serán las más importantes para la iglesia en este nuevo mundo?*
- *¿Qué doctrinas cristianas serán las más relevantes para informar el modo de ser iglesia latinoamericana en clave global?*
- *¿Qué funciones o prácticas pastorales son las más efectivas para ministrar en ciudades globales y comunidades transnacionales?*
- *¿Cuál debe ser el rol de la iglesia latinoamericana que envía a sus miembros a la diáspora y cuál el rol de la iglesia latino(a)unidense que los recibe? ¿Podrían llegar a hacer misión conjuntamente?*

Para evaluar la data propuse ocho preguntas como criterio de análisis cualitativo y los resultados que obtuve los presento a continuación:

1. *¿Qué tipo de pedagogía es necesaria para que una teología sistemática funcione en el contexto global latinoamericano, según mi audiencia?* Aquí el primer obstáculo presentado por la audiencia fue la percepción de lo que ha significado la teología sistemática en el contexto de América Latina, la cual refleja un marco teológico foráneo para el entendimiento de Dios, la creación,

el sujeto humano y su responsabilidad social en cuanto a los habitantes de este contexto se refiere. Una cita de un docente de una universidad relativamente conservadora resume todo lo dicho: "sería difícil pensar en una disciplina cristiana más occidental que la teología sistemática". En conclusión, la audiencia que opinó se inclinó hacia la idea que una teología sistemática solo podría arraigarse en América Latina si fuese enseñada (a la Freire) comunitariamente y libre de presupuestos occidentales normativos. Esto se contrapone a la forma estándar de presentar la teología sistemática en esta región, esto es, una disciplina arraigada en los archivos históricos, teologías analíticas y racionalistas típicas de la academia occidental.

2. *¿Puede ser la transoccidentalidad, como se presentó, una metodología teológica correspondiente al contexto del Sur Global Americano?* Encontré que mi articulación de la transoccidentalidad fue recibida con cierta simpatía por las diferentes audiencias. La audiencia más progresista, mostró interés en la opción transoccidental por verla como un factor de vitalización y mediación de las teologías de la Liberación. Mientras que la audiencia más conservadora mostró apertura porque la transoccidentalidad le ofrecía la oportunidad de construcción crítica de las teologías propias sin descontar las contribuciones pertinentes de los paradigmas occidentales.

3. *¿Cómo hacen investigación teológica los/as latinoamericanos en el mundo mayoritario y cómo esto impacta la recepción de las teologías occidentales, como la teología sistemática?* La audiencia, en su mayoría, se identificó como gente que hace teología desde su contexto y buscan contextualizar los aspectos teológicos que parecen foráneos, de la mejor forma posible. Sin embargo, noté una diferencia en universidades o seminarios de corte progresista en contraste a los de corte conservador. Aunque estas categorías (progresista, conservador) no las considero válidas para una descripción certera de la vida teológica continental, sin embargo, la percepción pública las ha ubicado en esos estratos y los mismos gremios las usan como autodescriptivos. Así dicho, la audiencia más progresista critica y busca contrarrestar la sobredosis hegemónica de las categorizaciones occidentales por

medio de esfuerzos del discurso indigenista. Por el otro lado, la audiencia más conservadora buscar integrar las categorías teológicas occidentales en su currículo y pedagogía, pero filtradas por los instintos indigenistas de sus docentes e investigadores.

4. *¿Qué temas y recursos teológicos se repiten en los discursos teológicos y prácticas pastorales latinoamericanas?* En la audiencia los temas recurrentes fueron: sufrimiento humano, violencia, teología de la creación, pecado y corrupción, teologías desde la perspectiva de la mujer y el Espíritu Santo. En términos de recursos, algunas universidades y seminarios representadas en la audiencia más progresistas registraron producir su propia literatura y poseer bibliotecas bien equipadas con títulos en español, portugués, alemán, francés e inglés. Mientras que, algunas universidades y seminarios representadas en la audiencia más conservadora registraron poseer un déficit en ambas direcciones.

5. *¿Hasta qué grado es importante hacer teología en conjunto (comunitariamente)?* En su mayoría, la audiencia expresó que hacer teología en conjunto es esencial para el contexto de América Latina. Sin embargo, esto ocurre más de forma oral y espontánea que de forma disciplinaria y escrita.

6. *¿Cómo fui recibido en calidad de un teólogo latino(a)unidense que buscaba conectarse con el Sur Global?* Fui recibido con un gran sentido de simpatía, pero a la vez con curiosidad. Me sorprendió que una audiencia tan variada, en sus diferentes momentos y espacios correspondientes, entretuvieran la posibilidad de una teología latina/x continental. A pesar de ello, varios comentarios expresaron que lo continental es noble en cuanto a su aspiración, pero apremia más lo local y regional. Añadido a esto se suma el gran desconocimiento de la condición latina/x estadounidense y canadiense. Hasta cierto punto, la mayoría de la audiencia mostraba desinterés por tal condición y expresaron que sentían lo mismo de parte de la diáspora latina estadounidense para con ellos/as.

7. *¿Cómo se percibe a la iglesia latinaunidense (evangélica/protestante) en América Latina?* La respuesta fue variada: (1) como una comunidad desarraigada y desinteresada por América Latina, (2) como una comunidad desconocida por América Latina,

(3) como una comunidad con la que hay que conectarse desde América Latina a través de un diálogo crítico. La respuesta 1 y 2 fueron las más predominantes.

8. *¿Es posible construir una comunidad teológica continental?* La respuesta fue positiva, siempre y cuando no se violen las diferencias locales ni *lo continental* sugiera una idea y forma del vivir, pensar, creer y ser universal, lo cual resonaría a un panamericanismo interno. Pero, en el fondo, la discusión giró alrededor de la pregunta: ¿quién tiene realmente tiempo y fondos para dedicarse a ese proyecto?

Conclusiones en base a mi experiencia en la jornada de investigación

1. Hay un deseo de comunión teológica y ministerial entre los gremios teológicos y evangélicos/protestantes latinoamericano y latino(a)unidenses. Sin embargo, los separa y a la vez los une, una serie de presuposiciones que se generan en ambos espacios americanos debido a los diseños globales del patrón colonial del poder: geopolíticas (norte/sur), teológicas (conservador/liberal), económicas (pobre/rico), culturales (letrado/iletrado) y epistémicas (indigenista/occidentalista).[82]

2. Hay un deseo de auto-representarse y auto-teologizar latinoamericanamente que se ensaya por medios disciplinarios y pragmáticos (indigenización y traducción contextual). Nunca es un simple calcado de conocimientos occidentales asumidos en los contextos latinos del Sur Global.

3. Tomar en cuenta el contexto local y *donde* la iglesia y el pueblo hacen vida (lo cotidiano) es un prerrequisito para una teología

---

[82] Para muestra un botón. Primero, en América Latina muchos no reconocen, o desconocen, el hecho que la condición latina en los Estados Unidos es precaria y una gran mayoría de la población latino(a)unidense vive dentro de una colonia interna "hispanos/ /ilegales/haraganes/delincuentes/aprovechados/etc". Esto, al igual en otras zonas geográficas del "tercer mundo" debido al imperante dominio del patrón colonial del poder que informa la política, economía, fe, cultura, subjetividad anglo-americana. Nos vemos distantes (norte versus sur) aunque muchos latinoamericanos/as viven imitando la vida americana (el sueño americano) en sus propios entornos y muchos latino(a)unidenses inmigrantes luchan por mantener su latinoamericanidad nuclear en los Estados Unidos (lenguaje, comida, costumbres, redes, etc.).

pertinente en América Latina, lo mismo que lo es para la diáspora latinaunidense.

4. Hay un deseo de desprendimiento epistémico en cuanto a la temática canónica de la teología occidental se refiere y a la vez hay una conexión emocional a ella que se expresa de forma anti-occidentalista (por la audiencia más progresista) y pro-occidentalista (por la audiencia más conservadurista).

5. La audiencia en su mayoría coincide en que es necesario un aporte evangélico/protestante distintivo desde el Sur Global Americano. Por ende, una teología sistemática desde el Sur Global Americano parece no ser un tema relevante. Es más relevante trabajar la temática teológica y expresarla de manera propia que dedicarse a elaborar, disciplinariamente, otra teología sistemática. La teología sistemática del noroccidente se ve como algo que hay que superar de alguna forma, aunque no necesariamente desechar por entero.

6. Se invita a un giro epistémico y metodológico en la teología. Esto es, cualquier tipo de teología arraigada en todas las narrativas del Sur Global Americano tendrá que elaborarse fuera del patrón teológico de la modernidad colonial, o sea, desde otro lugar epistémico y con una metodología menos occidentalizada. Así, el concepto transoccidentalidad, como un dispositivo hermenéutico *interseccional* que ayuda a posicionar al sujeto en las fronteras de la colonialidad moderna, resulta útil y prometedor. En una frase, la propuesta de una teología *rizomática* (Deleuze & Guattari) desde el Sur Global Americano podría superar con eficacia la idea de una teología sistemática noroccidental.

Formación teológica y generación milenial

Durante el año académico 2020 la profesora Alexia Salvatierra, catedrática de Misión Integral y Transformación Global del Seminario Teológico Fuller (Pasadena, U.S.A.), apoyada por el Centro de Estudios de Comunidad e Iglesia Latina del Seminario Fuller, dirigió una investigación cualitativa vanguardista en el continente americano (América Latina, el Caribe y Norteamérica). Su tema fue "educación teológica y la generación milenial". Alrededor de 70 líderes cristianos mileniales (latinoamericanos/as y latinxs o *latino(a)unidenses*) fueron entrevistados por 10 investigadores/as siguiendo una metodología (cualitativa y etnográfica) que después de analizarse recogió varios resultados. Las preguntas que guiaron la investigación fueron abiertas (open-ended):

- *¿Cómo ven su vocación y misión (incluyendo su relación con la iglesia local)?*
- *¿Cómo desean ser entrenados para dicha vocación y misión?*
- *¿Qué aspectos de la educación teológica son atractivos y no atractivos (incluyendo el costo de la educación y sus correspondientes beneficios laborales)?*
- *¿Cuáles son las ventajas y desventajas de una educación teológica estadounidense?*

Obviamente no podemos ahondar sobre la data en este escrito, pero sí podemos traer a colación ciertos resultados pertinentes a la educación teológica. En primer lugar, hay que subrayar que hay marcadas diferencias entre las audiencias mileniales latinoamericanas y *latino(a) unidenses*, mayormente en términos de necesidades, usos, expectativas pedagógicas y curriculares de la educación teológica.

Por ejemplo, con respecto al tema de la *diversidad* en la formación teológica la mayoría de la audiencia milenial *latino(a)unidense* muestra una gran inquietud sobre la ubicación social de la teología y el / la teólogo/a, esto es, dicha audiencia busca una docencia y un pensum que incluya múltiples voces y posicionamientos desde la raza, el género, la etnia, etc. La gran mayoría de la audiencia latinoamericana, sin embargo, mostró un interés en otras formas de diversidad; una docencia y un pensum que facilita el flujo de diferentes pensamientos, opiniones, puntos de vista, tipos de teología, diferentes recursos y experiencias del profesor/a. Otra marcada diferencia se da en torno a las necesidades de ser formados teológicamente. La mayoría de la audiencia milenial latinoamericana mostró una gran simpatía con la educación estadounidense (según algunos/as "de alta calidad") y muy poca inconformidad con su énfasis teórico, dando por sentado el hecho que ellos/as tendrían que ponerle "la sazón" local de sus entornos. Por el otro lado, la audiencia milenial *latino(a)unidense* mostró un deseo por conocimiento práctico, un descontento con el sobre énfasis teórico y un gran apetito por la teología contextual —una que funcione en sus espacios de opresión.

En términos de afinidades, ambas audiencias mileniales concordaron en lo siguiente:

- La formación teológica debe prepáralos para la vida diaria y sus desafíos y la temática teológica debe incluir temas actuales: compasión, justicia social, auto-cuidado, cuidado ambiental, etc.
- La teología debiera ser contextual y global.
- La formación espiritual debiera ser parte vital de la formación teológica.
- La mentoría es vital para la formación teológica
- La educación teológica estadounidense es muy costosa e inaccesible para las comunidades minoritarias (USA) y el mundo mayoritario.

No ha sido ni una ni dos veces que me he encontrado con mileniales latinoamericanos/as evangélicos que tienen una de dos actitudes: idealizan o demonizan la educación estadounidense. Ambas actitudes me parecen válidas, pero inadecuadas en términos amplios. Primero, hay que destacar un desconocimiento del sistema educativo occidental estadounidense: hay una educación occidentalista y también descolonial que irrumpen desde los espacios estadounidenses hacia el mundo. Segundo, la idealización puede ser un síntoma de la herida colonial, a la cual hemos aludido en otros escritos y que se puede traducir como el occidentalismo como deseo de ser ilustrado (letrado) con la "mejor" educación en el mejor "lenguaje" y los mejores "eruditos" y en el mejor "lugar". Esta fantasía se desvanece cuando uno vive en el Norte "en las entrañas del monstruo" por citar a José Martí. Igualmente, la demonización de todo lo que viene de los Estados Unidos puede ser sintomático de la herida colonial, esta vez expresado, como el anti-occidentalismo, o sea, el resentimiento por la exclusión y opresión latinoamericana del "gigante con botas de siete leguas", por citar nuevamente a Martí.

En el caso de mileniales *latino(a)unidenses* evangélicos, debido a las crecientes y recientes persecuciones étnicas y raciales por parte de grupos nativistas con ideología de supremacía blanca y las políticas anti-inmigrantes de recientes administraciones políticas (republicanas sobre todo, pero también demócratas), ha habido una concientización forzada que se va popularizando en las calles con tonos de revolución cultural (Black Lives Matter! Movement, Me Too, The Brown Church, etc.), en la medida que la violencia racial del sistema ejecutivo, judicial y los abusos de la guardia civil se tratan de normalizar por los centros de poder estatal. Esto ha repercutido mundialmente. Este no es el lugar para hablar de los procesos de aculturación y asimilación a los que las comunidades de color han sido sometidas en los Estados Unidos por siglos, pero hay toda una colonización interna que ahora se está de-construyendo desde las diásporas y los mileniales están en medio de dicho proceso. Usualmente me encuentro con dos actitudes mileniales en cuanto a la educación estadounidense: total indiferencia y desconocimiento de la marginalización latina/x o bien un gran resentimiento social en contra de las comunidades e instituciones blancas.

En ambos casos (latinoamericanos/as y *latino(a)unidenses*), debo decir, que estas actitudes reflejan síntomas de una memoria histórica cuya herida colonial debe asumirse y resolverse. Lo real (on the ground) es siempre más complicado para procesar y resolver que lo ideal y lo ideológicamente demoníaco. Según el censo del 2018, hay más de 60 millones de latinos/as en los Estados Unidos (18% de la población), resultado de varios siglos de flujos y reflujos imperiales, geopolíticos, económicos, culturales, teológicos, etc. No se puede entender (ni teológicamente ni de ninguna otra forma) América Latina sin esta interacción compleja y desproporcionada de la misma manera que no se puede entender los Estados Unidos sin Las Américas.[83] El *héroe* blanco americano está vinculado y construido a partir del *monstruo* oscuro y vecino latinoamericano (viceversa), en la historia de representaciones y relaciones interculturales e intercontinentales.

¿Por qué no se producen textos de teología sistemática desde el Sur Global Americano

Al completar esta sección vienen a mi mente las palabras del memorable teólogo Juan Stam, profesor de teología sistemática del Seminario Bíblico

---

[83] Esta tesis la documenta magistralmente el historiador latino Juan Martínez, en su contribución vanguardista Juan F. Martínez, *Latinos Protestantes: Historia, Presente y Futuro en los Estados Unidos* (Salem, OR: Publicaciones Kerigma, 2017).

Latinoamericano (San José, Costa Rica, 1957-80) y colega docente del Seminario Teológico Fuller (extensión de Colorado, 1972-1999):

Aunque nuestra iglesia evangélica abarca ya varias generaciones en la mayoría de nuestros países (y más de cien años en algunos), y ha sido preponderantemente conservadora en su teología, la verdad es que no ha producido frutos de madurez en un desarrollo teológico. Prácticamente no ha producido teología evangélica, ni popular ni técnica, no ha desarrollado un conjunto adecuado de seminarios teológicos de alto nivel, ni ha producido suficientes líderes nacionales capaces de interpretar el significado del evangelio en términos del contexto latinoamericano y de encontrar formas de expresión adaptadas al lenguaje y las costumbres autóctonas. Nos hemos aferrado muchas veces a una ortodoxia rígida, pero poco elaborada teológicamente, con textos de prueba superficialmente comprendidos y fórmulas sagradas más eclesiásticas que bíblicas. Los profesores seminaristas han sido principalmente extranjeros, y la vida y pensamiento seminarista generalmente marginados de la vida del pueblo. No obstante, hoy por hoy se siente la pujanza de nuevas corrientes teológicas. Nuevos nombres se están oyendo, libros extranjeros aparecen con títulos en español, y por bien y por mal, las ventanas cerradas se están abriendo.[84]

Aunque el comentario de Juan Stam fue hecho dos décadas atrás y hoy en día existen elocuentes y prolíferos escritores/as evangélicos/as latinoamericanos/as y latino(a)unidenses haciendo teología en el camino, como era el caso de Stam, su implacable juicio si se puede aplicar en el campo de la teología sistemática aún hoy en día, en los 2020s. Una simple pesquisa hecha en el 2021, de los textos disponibles en castellano para el pueblo evangélico, revela una verdad desmoralizante. Casi el 100% de los textos de teología sistemática disponibles son traducciones del inglés escritas por autores varones euroamericanos. Aquí van apenas algunos de los nombres más populares: R.C. Sproul, John MacArthur, John Stott, Charles Hodge, Wayne Grudem, Louis Berkhof, L. S. Chafer, Paul Enns, Rolland McCune, Frank Macchia, Matthew Barrett,

---

[84] Juan Stam, *Haciendo Teología en América Latina*, vol. 1 (San José, CR: Universidad Bíblica Latinoamericana, 2006), 21–22.

Myer Pearlman, Stanley Horton. Ejemplos menos populares por su reputación "liberal" son: Paul Tillich, Jürgen Moltmann, Wolfhart Pannenberg, von Balthasar y aun el moderado Kevin Vanhoozer lo encajan aquí. Esto incluye un rango de tradiciones evangélicas que varía desde autores identificados como bautistas cesacionistas hasta pentecostales ecuménicos, pasando por el grueso conducto de la teología reformada. Esto debería interpretarse por todos nosotros/as como el síntoma de un gran problema epistémico (tipos y funciones del conocimiento) y geopolítico (dominio del sistema de distribución) en el escenario protestante evangélico del Sur Global Americano. Naturalmente surgen preguntas que hay que responder como pastores/as, evangelistas, obreros/as, discípulos/as, maestros/as, académicos e intelectuales artesanales de nuestro continente:

1. ¿Quién y qué nos educa, aparte de Dios?
   a. Racial y étnicamente hablando: ¿qué raza, etnia, lenguaje y género está en control del conocimiento que se distribuye a los millones de creyentes del Sur Global Americano?
   b. Ideológica, doctrinal y políticamente hablando: ¿qué influencias ideologías, qué tendencias políticas y doctrinas están formando nuestros líderes, informando el pensum de nuestros institutos bíblicos, universidades cristianas y seminarios teológicos del Sur Global Americano?

Interinamente, dejamos estas preguntas como meras provocaciones al lector, pero en nuestra colección CLIE Teología del Nuevo Mundo deseamos dar las herramientas necesarias para que el/la lectora saque sus propias conclusiones. Por ejemplo, el capítulo 3 del primer volumen de esta colección, *Introducción a la teología del Nuevo Mundo*, ofrece un cuadro paradigmático sobre el tema de las ataduras coloniales. Se documenta así los escenarios conductuales para entender este fenómeno de precariedad epistémica en los espacios evangélicos del Sur Global Americano. Finalmente, es muy pertinente hacer notar que hay textos de teología sistemática escritos por protestantes españoles contemporáneos de la talla de Francisco Lacueva, y otros nuevos autores que se están abriendo camino en (y abriendo camino al) mundo hispanoparlante. Sin embargo, el posicionamiento epistémico y social de los mismos es europeo, aunque con la clara conciencia de un mundo americano hispanoparlante.

Una variante evangélica crítica latinoamericana con producción creciente

Sería incorrecto pensar que no ha habido esfuerzos de teología evangélica-protestante (popular o técnica) en otros campos y en otras épocas. Habría que entender el contexto en el que Juan Stam expresa su descontento. También, habría que entender que el descontento de Juan Stam es el descontento de una tradición evangélica crítica que se encuentra en una constante encrucijada de tener que criticar a las primeras misiones protestantes europeas, interrogar a las nuevas misiones pentecostales estadounidenses, distanciarse de las agendas izquierdistas del marxismo-leninismo europeo, mientras dialoga críticamente con los movimientos revolucionarios y las teologías de Liberación latinoamericanas y combate el neoliberalismo y fascismo evangélico estadounidense. Esto es agotante y estropea el enfoque en una disciplina teológica en particular como tarea esencial del docente. Entonces, me permito el derecho de defender la falta de una teología sistemática propia del Sur Global Americano, ya no por no pertenecer epistémicamente a dicho contexto sino porque sus posibles heraldos no tienen tiempo para dicha tarea. Por ejemplo, en contextos de opresión y colonialidad (externa o interna) dedicarse a la teología sistemática exclusivamente es un lujo, un privilegio de las élites, ya que en las trincheras de la docencia la teóloga docente funciona multidisciplinaria y multifacéticamente, con un talante generalista.

A pesar de lo dicho anteriormente, cada vez más la consciencia latinoamericanista va creciendo, la necesidad de arraigarse en las propias narrativas de vida continental y fe se va aclarando más y esto va produciendo un creciente descontento generacional. Como es natural cada generación verá lo hecho por sus predecesores y se sentirá insatisfecha ante el desafío de cientos de años de vida cristiana en el continente. Dicha insatisfacción es un signo vital que registra una conciencia crítica y una vocación cristiana continental en evolución. Todo esto comienza a darse, poco a poco, a principios del siglo XX, después del Primer Congreso Protestante en Panamá (1916), como bien lo documentan los historiadores protestantes latinoamericanos Leopoldo Cervantes-Ortiz y Daniel Salinas.[85] Otro ejemplo añadido al de Stam es el del notable misiólogo y evangelista boricua Orlando Costas, quien interroga la infertilidad teológica de América Latina de esta manera:

> *¿Cómo es posible que el itinerario del cristianismo en América Latina tiene una historia más antigua que la de su contraparte "anglosajona" [USA] y sin embargo América Latina ha producido mucho menos teólogos y contribuciones al campo de las misiones de la iglesia universal?*[86]

Con certeza, la queja de muchos/as teólogos/as y críticos/as de la fe en el Sur Global Americano no es de carácter biológico, antropológico o cognitivo (una deficiencia biológica-cognitiva o de cultura grupal) donde una persona por ser parte de los pueblos latinoamericanos posee un déficit intelectual evidenciado por la falta de producción teológica y científica: no saben pensar, escribir, debatir, construir teorías o prácticas transformadoras, etc. Esto sería ratificar la doctrina del nativo como bestia, la *monstrificación* occidental del habitante americano como salvaje, incivilizado, pre-moderno, anti-democrático, inculto, etc. Mucho por el contrario, la queja de Costas y otros evangélicos críticos es una táctica epistémica que busca razones sistémicas e interroga las formas de vida, los factores que han contribuido para esas formas de vida (*habitus* a la Bourdieu) y las instituciones e imaginarios sociales que mantienen la infertilidad de la producción del conocimiento propio como el *status quo* del pueblo latino mundial.

La inquietud de esta tradición es la misma que yo planteo en la colección CLIE *Teología del Nuevo Mundo*. Y me permito clarificar que yo no soy ni el primero ni el último ni el único que desea que ese gran

---

[85] Leopoldo Cervantes-Ortiz, "Génesis de La Nueva Teología Protestante Latinoamericana (1949-1970)" (presentación en II Simposio Internacional sobre la Historia del Protestantismo en América Latina, San Cristóbal de las Casas, Chiapas, 20 de octubre de 2004); Daniel Salinas, *Teología Con Alma Latina: Pensamiento Evangélico En El Siglo XX* (Lima, PE: Ediciones Puma, 2018).

[86] Traducción personal. Orlando E. Costas, *Theology of the Crossroads in Contemporary Latin America: Missiology in Mainline Protestantism, 1969-1974* (Amsterdam, HL: Rodopi, 1976), 22.

potencial dormido en el Sur Global Americano se manifieste libremente. Hay una lista de avivadoras/es culturales de la talla de Sor Juana Inés de la Cruz y José Martí a la cual nos referimos constantemente (una nube de testigos). Yo me uno a ellas/ellos al tono del bautizador cuya voz clama en el desierto epistémico y teológico: *preparen el camino del Señor, enderecen sus senderos…"* (Mateo 3:3).

Nos preguntamos una y otra vez de forma insistente e insurgente: ¿qué ha estado impidiendo la pasión, visión personal, vocación y compromiso de gente latina supremamente inteligente y novedosa para producir su propio conocimiento (auto-teologizar)? ¿Qué tipo de factores naturalizan dicha infertilidad epistémica y geopolítica? ¿Qué nos bloquea para soñar, imaginar, asociarnos sin azotarnos de forma que podamos asumir nuestro propio protagonismo en todas las esferas que competen el desarrollo de nuestra vida continental, y hacerlo a partir de la fe? ¿Por qué hemos reducido la experiencia de la iglesia a la masificación de individuos y la construcción de coliseos y santuarios exuberantes y multitudinarios en vez de llenar todos los espacios de la vida cotidiana con la levadura del evangelio de vida abundante? ¿Por qué nos hemos limitado a la conversión de almas a costa de excluirnos del proceso elemental del sostenimiento de las comunidades y ecosistemas de vida sin las cuales lo que sea que llamemos alma no puede existir? De esto se trata nuestro trabajo, también, en seguimiento a una nube de testigos que han intentado encender la maquinaria epistémica propia a fin de ponerla al servicio del continente y el mundo.

A medida que vayamos desarrollando temas en nuestra colección *Teología del Nuevo Mundo*, el/la lectora tendrá la oportunidad de exponerse a una diversidad de contribuciones algunas de la cuales no son tan populares porque: (1) se desconocen, (2) han sido desechadas por ideologías fundamentalistas de derecha, (3) están escritas en un nivel técnico inaccesible al público o en la diáspora, (4) están escritas en el lenguaje popular y son tildadas como profanas, (5) aparentan estar desvinculadas de las prácticas actuales de la iglesia y las misiones. Mi labor para con las/los lectores será conectarlos/as a dichas fuentes y ponerlas en perspectiva. Con la ayuda del Espíritu y de ustedes, mis lectores hermanas y hermanos, lo intentaremos humildemente.

Estamos en un tiempo donde prácticamente hay que re-hacerlo todo, desde muchos lugares epistémicos y con muchos/as voces que han estado contribuyendo hacia la construcción del Nuevo Mundo del Sur Global Americano. Algunas de estas tradiciones y fuentes son: espiritualidades ancestrales de los pueblos originarios y afrodescendientes, las teologías desde la mujer, la juventud y la niñez, la memorable contribución de *Mysterium Liberationis* editado por Ignacio Ellacuría y Jon Sobrino, las contribuciones de Justo F. González y de las teologías latinx de Estados Unidos y Canadá que se han venido dando desde 1970s, las contribuciones de Iglesia y Sociedad en América Latina (ISAL), La Fraternidad Teológica Latinoamericana (FTL) y sus recientes producciones teológicas por talentos como Darío López, Raúl Zaldívar (Presidente de Biblia y Teología Hoy), Ruth Padilla DeBorst y Nicolás Panotto, y por supuesto, la pentecostalidad teológica del Sur Global Americano y sus proponentes cuya literatura biográfica, pastoral y técnica nos demuestran competencias intelectuales tanto artesanales como escolásticas. Me permito ilustrar dicha afirmación con el titulado *Teología Sistemática desde una Perspectiva Latinoamericana* (Editorial CLIE, 2006), por un apreciable paisano y colega Raúl Zaldívar. Lo mejor que nos ofrece Zaldívar es la fotografía de los oficios del teólogo latinoamericano: archivista, evangelista, revolucionario, movilizador, emprendedor y reconciliador. Todo en un volumen. Aquí se describe, en la práctica, el perfil del típico teólogo (*todólogo*) latinoamericano que somos en nuestro contexto. Se demuestra que cualquier cosa que se haga desde el Sur Global Americano deberá incluir lo escolástico y lo artesanal. El trabajo queda corto en ofrecernos *lo nuestro* desde *lo nuestro* en términos temáticos, epistémicos, glocales, multidisciplinarios y de/postcoloniales. Pero como me lo ha dicho Raúl, este trabajo surge de una profunda necesidad de comenzar un quehacer teológico sistemático desde lo evangélico e inexistente en nuestro continente. Justificadamente, el carácter del escrito obedece más al campo de la historia de la recepción teológica en una región dada, que a la articulación de una teología cuyo sistema se construye desde *ese otro lugar* lo cual llamamos Nuestra América y se está reconstituyendo en Abya Yala. Sin embargo, este trabajo es pionero por el hecho de incluir temáticas propias de América Latina y completamente obviadas en traducciones de teologías sistemática del inglés y el alemán.

Es indiscutible que nuestro trabajo es informado por las escuelas de pensamiento crítico latinoamericano, principalmente, por los postulados del grupo Modernidad/Colonialidad/Descolonialidad y la praxis descolonial. Pero ante todo, y sobre todo, nos remitimos a la influencia del Espíritu de Dios, el Sanador Descolonial de las Américas, quien nos arraiga en el pueblo donde Él/Ella vive dando vida abundante, nos enseña a dialogar con el texto bíblico y la tierra de modo que podamos servir pensando y podamos pensar sirviendo en un mundo por 500 años maniatado por ataduras que se pueden romper en el poder del Espíritu descolonizador. ¡La Santísima Trinidad es la más bella [y justa] Comunidad! (Leonardo Boff).

Agenda para re-teologizar Nuestras Américas

Tomando en cuenta estas investigaciones del Sur Global Americano y cientos de otras conversaciones más que he tenido con discípulas y discípulos del reino de Jesucristo por casi tres décadas de enseñar estudios teológicos como pastor y teólogo en el contexto de las iglesias, institutos bíblicos, universidades y en seminarios de estudios posgrado, procedo a presentar una agenda programática para la teología del Nuevo Mundo. Este esfuerzo puede considerarse un esbozo teológico que será desarrollado en varios volúmenes.

Incluimos este ensayo como una herramienta pedagógica y teológica que nos prepare para leer la colección *Teología del Nuevo Mundo* y para elaborar nuestros propios presupuestos teológicos. Recapitulando, en este volumen se propone dos trayectorias simultáneas y entrelazadas: (1) la desclasificación de conceptos paradigmáticos occidentalizantes y atrapados en el Patrón Colonial del Poder y (2) la reclasificación de conceptos paradigmáticos y teológicos nativos, contextualizados y construidos desde nuestra imaginación transoccidental, muchos de los cuales han sido denegados por la academia e iglesia occidentalizada o no han sido suficientemente asumidos por los actores de la iglesia del Sur Global Americano. Vemos necesario, como primer paso, re-descubrirnos dentro del sistema-mundo y desmarcarnos de las trampas de una dialéctica neutralizante (occidentalista y anti-occidentalista), la cual interrumpe nuestro desarrollo teológico en el Sur Global Americano.

Más allá de las trampas occidentalistas y anti-occidentalistas

- *La trampa de la temporalidad: los archivos históricos como depósitos de la verdad.* El tema de la teología cristiana en el contexto continental de las Américas no podría comenzar con el acto de excavación histórica de los archivos occidentales de la cristiandad, ni aun con la teorización filosófica o cultural de cómo las fuentes clásicas de la fe occidental (Escritura, tradición, experiencia, razón, etc.) fueron transmitidas, recibidas y trasmutadas en Latinoamérica y su diáspora. Una teología propiamente latinoamericana/latino(a)unidense debe comenzar con Dios en Las Américas y con Las Américas en Dios. Volveremos a esta tesis vez tras vez en nuestros volúmenes.

- *La trampa de la espacialidad: el occidente como el espacio exclusivo de revelación divina.* El génesis teológico se da a partir de la convicción de Dios como el creador de las culturas originarias; con civilizaciones precolombinas hechas a la imagen y semejanza de Dios; con un proceso de auto-revelación divina en el cual participan tanto los actores de las culturas originarias y africanas secuestradas de sus entornos y los respectivos mestizajes en que participan los actores de las culturas invasoras y trasmisoras de la fe occidental. Aquí es donde estriba el gran problema teológico occidental, esto es, la negación de Dios en el otro que constituye el punto de exclusión y negación del *humanitas* del otro en Dios.

- *La trampa doctrinal: el pecado original helénico [de San Agustín] que oculta el pecado originador [colonial] americano.* Mientras que la *doctrina del pecado original* en el pensamiento seminal de San Agustín de Hipona se concentra en una lectura neoplatónica del "Ha'adam" (ser humano universal) del libro de Génesis atribuyéndole el mal a la decisión del "yo" que opta por excluirse de participar en el ser bondadoso de Dios (*Summun Bonum*), nuestra *doctrina del pecado originador* ubica a los pueblos originarios, afrodescendientes y sus mestizajes en el "Ha'adam" (ser humano universal) de Génesis, pero dando un paso anterior, y más allá, al de Agustín. Comienza por re-conocer la humanidad plena del "yo nativo, africano, mestizado/a" que ha sido denegada por la conquista y el proceso de colonización europeo. Agustín parte de un concepto humano estándar de sujetos que tienen intelecto, voluntad y poder de decisión. Dicha pre-condición del ser no existe para el nativo, africano/a y mestizado/a pues ha sido denegada por el otro conquistador/colonizador. Este "yo nativo, africano/a, mestizado/a" ha sido, de facto, excluido del "yo adámico" de Agustín al punto de atribuírsele una maldad ontológica (del ser), epistemológica (del saber) y metafísica (del existir) de proporciones exageradas y monstruosas. En esto reside la diferencia colonial del quehacer teológico. Mientras que la interpretación bíblica occidental colonialista extiende a las culturas indoeuropeas el *beneficio* del "pecado original" —como esa semilla del pecado potencial que se hace actual en la humanidad del sujeto occidental (el "yo" adámico), en el caso de los pueblos originarios, africanos y sus mestizajes, la interpretación bíblica occidental le extiende el *maleficio* de la encarnación material del pecado y la maldad no como semilla sino como manifestación actual y material del pecado y la maldad: endemoniados, salvajes, bestias, monstruos, primitivos, pre-modernos, subdesarrollados, etc. Las gentes americanas originales (amerindios), y toda persona identificada como americana no europea, quedan así excluida del "yo" (Ha'adam) agustiniano por los siglos. Aquí llegamos a un punto crucial en el quehacer teológico desde el Sur Global Americano, la importancia de considerar la diferencia colonial en la elaboración del conocimiento bíblico-teológico. Mas que un "conocer" es un "re-conocer" *a priori* el "yo nativo, africano, mestizado/a" como un "yo adámico". Evidentemente, esto no excluye la maldad potencial del "yo nativo, africano, mestizado/a" en cuanto a las conductas anti-vida de los americanos originales, más bien ayuda a entenderlas como parte de una humanidad común. Por ejemplo, muchos cronistas españoles narraron la Conquista en base al hecho que varios imperios amerindios hacían sacrificios humanos. Sin, embargo decidieron no ver la violencia sistémica colonial que generó las masacres sanguinarias y los genocidios causados sobre los pueblos originarios y los africanos esclavizados como algo salvaje. Ilustrando las historias coloniales del África y las Américas, novelistas famosos de la talla de Joseph

Conrad (*Heart of Darkness,* 1902) y Mario Vargas Llosa (*El Sueño del Celta,* 2010) llegan a la conclusión que el verdadero carácter del salvajismo blanco occidental se puede ver en su encuentro con el otro *africano* y *nativo americano.* La pregunta surge si lo que se ha representado en los textos occidentales, a través de las edades, es más bien una proyección occidental del "yo salvaje" que una descripción exacta del africano/a o nativo americano u oriental. El "yo pecador" como sub-humanidad y bestialidad del nativo, africano/a y mestizado/a americano es una creación colonial, moderna, occidental de una criatura que nunca ha participado en el "yo adámico" (Ha'adam), a razón de no ser considerados plenamente humanos, esto es, occidentales de raza blanca.

- *La trampa tradicional: Teologías que solo tienen pasado, no presente ni futuro.* El quehacer teológico del Nuevo Mundo, a diferencia del viejo mundo occidental, se arraiga en las historias vivas, se encarna y transita con gentes y pueblos y tierras y ríos que reflejan la imagen de Dios. Nuestros archivos son móviles en términos de espacio y transhistóricos/transmodernos en términos de tiempo. Y el proceso de *tradicionar* la fe cristiana en las Américas continúa hasta hoy, cinco siglos después. En este horizonte abierto, Dios tiene pasado, presente y futuro porque los pueblos originarios tradicionaron la revelación de Dios en sus propios entornos y por medio de sus códigos culturales y religiosos, aunque dichas formas teológicas han sido irreconocibles para el ojo occidental. Dios siempre ha estado en medio de las civilizaciones originarias antes y más allá de la cristianización y misionización occidental.

A diferencia de las teologías euro-anglosajonas, nuestras teologías del Sur Global Americano no se construyen en base a una archivología exclusiva, ni a una filosofía analítica que fundamenta las interpretaciones doctas de selectos textos, personajes y eventos occidentales a fin de *proyectar* la idea de una narrativa consistente y ultimadamente pía, por estar ligada a prestigiosas escuelas de interpretación occidental oficializadas por el poder imperial desde la pre-modernidad. Nuestra teología parte de algo muy concreto. El nacimiento de la teología *nuestramericana* está atado al nacimiento de América Latina: su gente, sus ancestros del Abya Yala, su lucha por la supervivencia, su fe ubicua e innovadora y sus utopías (teotopías). Como hemos dicho muchas veces y de muchas formas, el Sur Global Americano es un conjunto complejo de creaciones propias e imperiales y en todas estas creaciones Dios ha estado presente, para caminar con pueblos subyugados y para darles vida abundante y resurgente en las fisuras y fracturas del orden (neo)colonial mundial. La teología del Nuevo Mundo es profundamente evangelizadora, si por evangelizar entendemos la continuación de la obra de vida abundante de Jesús de Nazaret por aquellas y aquellos que lo han seguido, por haberlo escuchado, por obra del Espíritu, en sus propias lenguas nativas y espacios culturales del mundo diverso de Dios (Hechos 2:8).

Preguntas para el diálogo en grupos pequeños

1. ¿Qué raza, etnia, lenguaje y género están en control del conocimiento cristiano en su propio entorno cristiano (enseñanza, literatura, docencia, administración, fondos, dirección, etc.)? ¿Cambia o no este dato en otros entornos latinoamericanos o latinounidenses?

2. ¿Qué influencias ideológicas, tendencias políticas y doctrinas económicas están formando los líderes cristianos hoy en día, informando el pensum de los institutos bíblicos, universidades cristianas y seminarios teológicos del Sur Global Americano?

CAPÍTULO 5

—Cómo hacer teología del Nuevo Mundo—

Ubicación social y cognitiva de la teología del Nuevo Mundo

Un libro de teología con contenido histórico y sistemático escrito en español por un hondureño del Sur de California, que vive en la nación más rica y poderosa del siglo XXI debe lucir y sentirse muy diferente a un tratado teológico escrito en los días del bélico Imperio romano del primer siglo de Pablo de Tarso o en los días de la insaciable colonia española en la Nueva España de Sor Juana Inés de la Cruz en el siglo XVII o en los días del teólogo suizo Karl Barth en una Europa asfixiada por el régimen genocida Nazi a principios del siglo XX.

En el primer siglo del apóstol Pablo no existía la teología histórica ni sistemática como la conocemos hoy, sino que la reflexión de la fe mesiánica se daba desde la práctica de la anunciación del *euanggelion* en el contexto cotidiano y tenso del vasto Imperio romano, que controlaba la vida del pueblo judío y no-judío con más de 50 millones de ciudadanos y súbditos. Las comunidades de Jesús, más tarde constituidas con el nombre formal "ekklesia", vivían con raras excepciones en el territorio imperial romano. Esa vida bajo la colonialidad e imperialidad romana generaba periferias y pobrezas masivas que afectaban a millones de familias, y en especial, a las comunidades súbditas como los judíos del primer siglo y grupos mixtos como los seguidores del Camino de Jesús de Nazaret.

Evidentemente, como lo vemos en las cartas paulinas, las comunidades seguidoras del Mesías de Nazaret precisaban una teología práctica, pastoral, dadora de esperanza y de dirección en un mundo organizado en jerarquías sociales greco-romanas y jerarquías judías que no encajaban con la vida abundante proclamada por el Mesías de Nazaret: una vida caracterizada por la dignidad humana y justicia integral (Juan 10:10). La teología se daba como función de las comunidades de fe y surgía como diálogos estratégicos entre líderes comunitarios y sus seguidoras/es para responder a cómo sobrevivir en ambientes inestables y desafiantes. La actitud teológica buscaba producir en la comunidad amor fraternal, gozo espiritual, orden moral, justicia social y económica, dando un testimonio público que apuntaba a un *nuevo mundo*. Este nuevo mundo "o nuevo siglo" era algo ya en medio de ellos/as, abrazado como un espacio eclesial más justo, más fraterno, más pleno, más equitativo que en los espacios del Imperio romano o aún en las expresiones judías dominantes. Así se buscaba el nuevo y bien vivir en un espacio de nueva creación en ese contexto que lo resistía: "Por lo tanto, si alguno está en Cristo, es una nueva creación. ¡Lo viejo ha pasado, ha llegado ya lo nuevo!" (2 Cor 5:17 *NVI*). Ese nuevo mundo se vivía como una experiencia de nueva creación de forma anticipada, incompleta y añorada en las comunidades mesiánicas del Espíritu en los primeros tres siglos de la historia del cristianismo. Era un mundo nuevo en medio de un viejo mundo (Romanos 12). El notable San Agustín de Hipona escribirá en su vejez uno de sus más famosos tratados teológicos, *Ciudad de Dios* (412-426 D.C.), para darle sentido a esa extraña coexistencia de tiempos, espacios y pueblos cuando y donde ambos planos del ser y vivir humano se interpelan en el aquí y el ahora; donde el nuevo mundo (celestial y espiritual y finalizado) y el viejo mundo (terrenal, pecaminoso y temporal) viven en tensión y requieren de nuestros más arduos esfuerzos para ser discernidos y entendidos como distintos.

En el siglo XVII de Sor Juana Inés de la Cruz, gran teóloga y poetisa mexicana de la iglesia, la teología histórica y sistemática ya había tomado cierta formalidad, pero se reducía a apologética escolástica, derecho canónico y eclesiástico y mística como brazos de la Reforma

Católica (Contra-reforma). Estas formas teológicas se usarán ante todo en respuesta a la "herejía" de los Reformadores Protestantes y a la carga evangelizadora que imponían las poblaciones amerindias y afrodescendientes en el "nuevo mundo". El entrenamiento académico era normativamente patriarcal y *tomista* (Tomás de Aquino). Para los/as pupilos/as católicos de esta época los rangos de autoridad eran reservados a varones en obediencia a *Persona Christi Capitis* y funcionaba como detonador del poder colonial ibérico en las colonias de las Américas. Solamente el Virreinato de Nueva España (hoy México, Centroamérica y las Antillas) aglomeraba más de 7 millones de súbditos para el siglo XVII. Para esta época, la mayoría de la cristiandad vivía en Europa. Es dentro de este contexto que podemos apreciar la contribución, estatura literaria y teológica de la grandísima señora de las letras Sor Juana Inés de la Cruz, tanto en la vieja España europea como en la Nueva España colonial. Su tono era penetrante como la poesía, abrumador como la dramática y desbaratante como la apologética de primer orden. En ella se desmiente todo lo que en aquella (y quizás nuestra) época colonial ideólogos, filósofos y teólogos argumentaban acerca de la jerarquía de género, esto es:

Que las mujeres eran menos inteligentes, racionales y sabias que los hombres, como resultado de una naturaleza gobernada por la carne en vez del espíritu. Intelectualmente inferior y poseyendo solamente un entendimiento limitado, las mujeres eran constitucionalmente incapaces de tratar asuntos de substancia. A razón de su naturaleza torpe, se recomendaba a las mujeres guardar silencio. Además, por su falta de audacia mental, era innecesario enseñarles a escribir, aunque era aceptable un nivel de lectura que les permitiera acceso a literatura devocional.[87]

Sus tres tomos varias veces reeditados y su celebridad universal lograron que Sor Juana Inés de la Cruz obtuviera para ella, su tiempo y el nuestro una victoria no pequeña a favor del liderazgo intelectual desde la mujer. Y dicho logro se da en medio de una creciente modernidad

---

[87] Traducción personal. Susan Migden Socolow, *The Women of Colonial Latin América* (Cambridge University Press, 2015), p. 6.

colonial patriarcal y global donde la máquina epistémica de Occidente va a diseñar el valor humano y el privilegio intelectual de forma mono-cultural, patriarcal y capitalista.[88] Lastimosamente, somos herederos de esta tradición patriarcal occidentalista. Contundentemente, la matrista de las Américas, Sor Juana Inés de la Cruz, con terquedad probó que la mujer tiene la libertad intelectual y debe tener la independencia episté-mica necesaria para rechazar las restricciones culturales, socioreligiosas e intelectuales que se le imponen. Y que Dios la apoya en su lucha por la equidad.

A principios del siglo XX, época del pastor y teólogo suizo Karl Bar-th, la teología Histórica y Sistemática estaba ya bien constituida y era parte de una división académica en la universidad, como diseño de la Ilustración europea del siglo XIX. En Europa occidental predominaba la filosofía liberal y el método crítico histórico en las disciplinas bíblicas y teológicas. En los Estados Unidos comenzaba la reñida batalla entre los fundamentalistas y los modernistas (liberales). Todas las disciplinas normativas sin excepción eran de corte europeo ya con algunas contri-buciones estadounidenses y canadienses en el horizonte. La vitalidad del cristianismo ya había comenzado a emigrar del Norte Atlántico al Sur Global (América Latina, África y Asia). La ideología de suprema-cía blanca (arriana) y el anti-semitismo engranados en una maquinaria Nazi de exterminación judía pondrán en jaque mate los grandes avances teológicos y culturales de Alemania y Europa occidental en general. Hoy se ha demostrado que Adolfo Hitler y su régimen Nazi fue estra-tégicamente influenciado por elementos jurídicos de las leyes racistas de los Estados Unidos de América, las cuales dieron un "blueprint" para elaborar las genocidas leyes Nurember anti-judías del régimen Nazi.[89] Karl Barth abrumado por una educación liberal elitista y efímera que no le sirvió para ejercer su vocación pastoral, se verá en la obligación de desprenderse de los legados más sobresalientes de la ilustración europea y comenzar ya no desde el privilegio, la historia de grandes pensadores

---

[88] Véase Boaventura de Sousa Santos, *Epistemologías del Sur* (Akal, 2014), p. 15.

[89] Véase James Q. Whitman, *Hitler's American Model: The United States and the Making of Nazi Race Law*, (Princeton University Press, 2017); *The Nazi Connection: Eugenics, American Racism, and German National Socialism*, (Oxford University Press, 2002); Ira Katznelson, "What America Taught the Nazis," The Atlantic, October 3, 2017, https://www.theatlantic.com/magazine/archive/2017/11/what-america-taught-the-nazis/540630/.

y el poder occidental sino desde la crisis misma del conocimiento de Dios; una crisis que se asume en momentos teológicos y epistémicos de corte existencial; un primer momento de crisis epistémica que desbarata la arrogancia intelectual (del académico ilustrado) que descubre el juicio divino que dice "No" a todo intento humano ya sea científico, cultural, teológico, político, artístico, etc., que busca llegar a Dios, entenderlo y representarlo en sus disciplinas. Y un segundo momento teológico que solo quien ha saltado al abismo absurdo (Kierkegaard) de la humillación epistémica puede oírlo y asumirlo — el pacto de alianza divina que dice "Sí" en forma concreta y contundente. Es la gracia nunca antes alcanzada, pero ahora históricamente posible debido a la encarnación de Dios entre nosotros "Emanuel". Jesucristo es esa gracia como "Sí" de Dios, pero también como "No" de Dios, porque es Dios (el juez) mismo asumiendo el banquillo del acusado y siendo juzgado en nuestro lugar. Nace así lo que hoy conocemos como la Neo-ortodoxia.

Para mediados del siglo XX, ya la mayor parte del cristianismo vivía fuera de Europa y continuaba emigrando. Hoy en día es irrefutable el hecho que el Sur Global y los espacios de diáspora del Norte Global son la casa de la mayoría de los cristianos/as. A pesar de este hecho, las disciplinas teológicas y bíblicas que entrenan a la pastoral mundial continúan siendo eurocéntricas. En el caso del ala protestante, de denominaciones "históricas", el posicionamiento cultural y teológico está aún atrapado en la visión educativa y teológica de la Europa ilustrada del siglo XIX, actualizada por un modernismo religioso que incluye los avances de Los Estados Unidos del siglo XX. En el caso del ala protestante evangélica pentecostal, el posicionamiento cultural y teológico sigue estacionado en un dispensacionalismo milenarista sembrado y cultivado por el segundo despertar de los movimientos misioneros y que ahora renace en una pentecostalidad criolla que busca independencia en términos ministeriales, económicos y litúrgicos, pero sigue dependiente de la madre iglesia estadounidense en lo educativo, ético y dogmático.

El caso del catolicismo romano ha sido interesante porque el crecimiento evangélico ha demandado un desarrollo de la identidad y fe católica del continente americano, justo como ocurrió en Europa en el caso de la Reforma protestante. Sin embargo, la fuerza de dos milenios de jerarquía, *Magisterium*, derechos canónicos, etc., han logrado retrasar los avances logrados en el Concilio Vaticano II (1962-1965) e interrumpir la revolución pastoral y teológica traída por el actual y primer Papa Latinoamericano, Papa Francisco (2013-), buscando mantenerse firme en una postura *cuasi-medieval* enraizada en el Concilio de Trento (1545, 1543). En resumen, en términos de los modelos y lógicas de la educación bíblico-teológica (por ejemplo: exégesis, hermenéutica, homilética, misiología, teología, historiografía, ética, estética, filosofía, semiología, antropología, etc.), las universidades/seminarios en muchos países del mundo occidental o del mundo mayoritario occidentalizado siguen funcionando como "sucursales de Occidente", por prestar una frase del filósofo e historiador argentino Enrique Dussel. Estos establecimientos educativos preparan ministros (mayormente varones), misioneros, maestros y eruditos del "primer" mundo, aunque estos/as viajen al "tercer y cuarto" mundo (algunos de regreso) para servir en las misiones temporal o permanentemente.

La crisis teológica occidental

Esta es una contradicción fundamental con consecuencias letales para el conocimiento de Dios (teolo-gicidio) entre el ser de la iglesia (mundial) y el dominar de la iglesia (occidental). Consecuentemente, esta desproporción del poder de una experiencia local de Dios (iglesia occidental) sobre muchas otras experiencias locales de Dios (iglesia mundial) ha generado una vigorosa y creciente contra-corriente *des-occidentalizante*. O sea, muchos líderes y miembros de la iglesia mundial (que incluye a la iglesia occidental) se han ido concientizando, preparando y organizando local y hemisféricamente (sur-sur) para rechazar una serie de falsas presuposiciones que por siglos han naturalizado la posición de privilegio epistémico y dominio geopolítico del cristianismo occidental:

1) El cristianismo es una revelación religiosa europea.
2) La cultura occidental es indispensable para la fundación y propagación de la fe cristiana alrededor del mundo.
3) La iglesia occidental es responsable de velar por la autenticidad y bienestar del cristianismo mundial.

La primera afirmación sostiene a las otras y es falsa por varias razones. Primero, Dios no revela religiones sino así mismo. Por nosotros ser parte de su creación y de las biodiversidades del planeta, Dios usa el cosmos para revelársenos. El *Homo Sapiens* (humano autoconsciente) como parte de las biodiversidades creadas por Dios se adapta a formas de asociación y comunicación (cultura, lenguaje e historia) que permiten la expresión y transmisión de experiencias personales y colectivas, locales y globales. La religión es una forma de asociación que usa el lenguaje para transmitir dichas experiencias y genera tradiciones y estructuras para perpetuarlas a través del tiempo y el espacio (historia). Dios no crea religiones, nosotros las construimos. Dichas religiones vienen a funcionar para bien o para mal dependiendo de qué experiencias, lenguajes, valores, tipos de organización, estructuras y tradiciones transmiten y omiten. Segundo, el cristianismo —las comunidades mesiánicas del Espíritu— se origina, va desarrollándose y auto-transmitiéndose (misiones) desde el Mediterráneo hasta a otros lugares y gentes. El primer cristianismo (original) fue constituido por múltiples comunidades e identidades del diverso mundo mediterráneo. Basta leer Hechos 2 para darse cuenta. Tercero, no existía Europa (el Occidente como lo entendemos hoy) como tal en los primeros siglos. Solo existían culturas, clanes, reinados e imperios. El concepto de Europa occidental se dará mucho más tarde en la historia del mundo (siglos XVIII-XIX), cuando reinos locales de la región que hoy conocemos como continente europeo, se constituyan en naciones estado e independientes de la iglesia europea del medievo. Europa occidental es la auto-proyección de un grupo de poderes imperiales que luego en calidad de naciones y por medio de sus pensadores/as, científicos, economistas y procesos coloniales e industriales (por ejemplo, el influyente tratado de filosofía de la historia de Frederick Hegel, 1854, 1857) se auto-nombrará y anunciará como la cultura iluminada del mundo, excluyendo al sur europeo (España y Portugal) entre otras regiones europeas. Aclarados estos tres puntos, es indiscutible reconocer que los movimientos cristianos de los tres primeros siglos fueron formalizados y convertidos en una religión oficial (o sea exclusiva) del Imperio romano bajo el emperador romano Constantino (385 AD).[90] Esto cambió el rostro del cristianismo mediterráneo original (de muchos a uno), su función (de sobrevivir colectivamente a evangelizar reinando sectorialmente) y su efecto

---

[90] RP

histórico (de la periferia al centro del poder) en el mundo entero. En corto, el cristianismo era *global* o, mejor aún, *glocal* antes de convertirse en cristiandad imperial romanizada. Por supuesto, esto no representa toda la historia del cristianismo temprano porque habría que hablar del ala de la iglesia Griega Ortodoxa y de comunidades marginales que nunca serían parte activa ni de la Iglesia Católica Romana ni de la Iglesia Griega Ortodoxa. Esto muestra también que la fe cristiana, desde sus orígenes, por ser parte de la vida de las comunidades de fe, estará siempre en un espacio de tensión y negociación de identidades, aunque algunos grupos se constituirán como actores históricos dominantes (Iglesia Católica y Ortodoxa) ayudadas por decisiones imperiales. Aun así, hay que reconocer que muchas de las comunidades que dieron vida al cristianismo pre-Constantino (sirios, palestinos, norafricanos, etc.) serán invisibles y no protagonistas en los libros de historia de la iglesia cristiana occidentalizada.[91]

Vayamos ahora a la segunda afirmación. También es falsa por efectos de la primera y, además, por razonamiento bíblico-teológico. Si *la cultura occidental es indispensable para la fundación y propagación de la fe cristiana alrededor del mundo* entonces la universalidad de la revelación de Dios sería reducida y restringida a lo Occidental: por la limitación epistémica, geográfica y cultural de un Occidente que solo existirá después del primer milenio de la historia. Aquí entramos en muchos problemas teológicos e históricos. Uno, la cultura occidental se convertiría en el *locus theologicus* en contraste a la *Sola Scriptura* (Protestantismo) y la *Sola Ecclesia* (Catolicismo Romano e Iglesia Ortodoxa). Los espacios de revelación de Dios se ven monopolizados por espacios raciales, étnicos, políticos y culturales como los espacios más aptos de la revelación divina. Dos, esta afirmación contradice por lo menos tres de las afirmaciones clásicas del mismo cristianismo occidental presentadas como universales, entrándose así en una contradicción interna: *Dios es Omnipresente (está presente en todo lugar del planeta y cosmos dentro y más allá del tiempo). Dios es Omnisciente (tiene y da gratuitamente todos los conocimientos suficientes de sí mismo y de su creación). Y Dios es Omnipotente*

---

[91] Un magnífico apoyo de esta afirmación es el reciente trabajo de teología histórica de mi colega afroamericano Vince Bantu. Véase, Vince L. Bantu, *A Multitude of All Peoples: Engaging Ancient Christianity's Global Identity*, Missiological Engagements (IVP Academic, 2020).

(tiene todo poder para dar vida abundante dentro y fuera de la agencia humana). Si asumimos las consecuencias de estas afirmaciones universales de Dios, esto quiere decir que Dios se auto-revela en toda tierra, cultura, tiempo y lenguaje independientemente de la experiencia occidental de Dios. Lo cual quiere decir, por dar un ejemplo palpable, que el proyecto de misiones civilizatorias europeas de la conquista y colonización se fundó en un error teológico. Dios no vino en las carabelas del Almirante Colón. Dios hacía milenios estaba operando de muchas formas en los pueblos originarios: en sus culturas, costumbres y aspiraciones de sobrevivencia, desarrollo y justicia comunitaria y ecológica. Ese defecto teológico *teórico* generó un defecto *práctico* histórico que exterminó a comunidades enteras y marcó un testimonio cristiano de muerte en vez de vida en nuestro continente y mundo.

La tercera afirmación cae por su cuenta, una vez la primera y la segunda son probadas como falaces. ¿Con qué fuerza moral, razón teológica y justicia histórica una iglesia culturalmente posicionada en el Occidente y con un testimonio de cinco siglos de *genocidio* (participó en el asesinato de masas de indígenas, africanos, primeras gentes y naciones), *etnocidio* (participó en la inferiorización de culturas no-europeas blancas), *feminicidio* (el asesinato sistemático de mujeres consideradas brujas y la exclusión y abuso de la mujer en la iglesia hasta el día de hoy), *ecocidio* (abuso de la tierra y destrucción del medio ambiente por medio del capitalismo depredador) y *epistemicidio* (destrucción sistemática de los saberes ancestrales y la exigencia de abandonar los saberes no-occidentales para ser líder cristiano en la iglesia) puede reclamar la autoridad divina para ser la dirigente del mundo entero, la policía del cielo y la maestra de la verdad universal? La Biblia Hebrea o Antiguo Testamento nos relata la historia de un Israel bíblico que pagó a creces con diferentes exilios a razón del juicio de Dios traído por la idolatría, la inequidad social, la injusticia económica y la corrupción del liderazgo político-religioso. Visto desde el lado de las víctimas de cinco siglos de trauma colonial por efecto de la iglesia e imperios occidentales, los pecados del Israel bíblico palidecen y lucen como delitos menores en comparación al itinerario del cristianismo occidental.

¿Será que la iglesia y cultura occidentalo-céntrica está entrando en una especie de exilio y no se ha dado cuenta? Lo dejamos como una simple pregunta por ahora.

Agenda del quehacer teológico mundial desde el Sur Global Americano

A través de esta colección titulada *Teología del Nuevo Mundo* buscamos establecer una agenda teológica mundial de desaprendizaje y reaprendizaje, usando nuestros cinco siglos de experiencias cristianas en el Sur Global Americano. Esto es, usaremos lo bueno, lo malo y lo feo del itinerario cristiano occidental y de los cristianismos originarios que surgen en el encuentro intercontinental entre Abya Yala (América), Europa, África y el Oriente Medio.

¿Desaprender qué? Todo aquello que hemos aprendido como fundamental, valioso, universal e indispensable, pero que distorsiona y reduce· el horizonte del conocimiento de Dios y el auto-conocimiento por ser parte de un núcleo normativo occidentalo-céntrico que está engranado en el Patrón Colonial del Poder (como le llaman los/as pensadores/as críticos latinoamericanos).[92] Yo explico este diseño de modernidad colonial por medio de tres ejes entrelazados: colonialialidad/modernidad/occidentalismo. Luego elaboramos sobre ellos.

¿Reaprender qué? Todos aquellos conocimientos, experiencias y aspiraciones que podamos recordar, recobrar, des-encubrir, reconstruir antes de, en las grietas liminales dentro de y más allá de la colonialidad/modernidad/occidentalismo. En otras palabras, es un acto de re-conocimiento teológico de nuestras historias y saberes perdidos, denegados, suprimidos, postergados por los proyectos de misiones civilizatorias y poderes coloniales y neocoloniales de los últimos cinco siglos. Por ello, el siguiente volumen de esta colección será "la doctrina del re-conocimiento de Dios".

Colonialidad: La colonialidad aquí se refiere al diseño mundializado de los espacios donde nosotros hacemos vida, fe, pensamiento, arte, etc. Este diseño de vida colonial no se acabó cuando las repúblicas de América Latina se independizaron políticamente de la corona española y portuguesa, en el siglo XIX o francesa y británica en el siglo XX. Hay una historia de la independencia política de las tierras y gentes de las

---

[92] Para entender el concepto "colonialidad del poder" o bien "patrón colonial del poder" véase Aníbal Quijano, *Colonialidad del Poder, Eurocentrismo y América Latina,"* en *Cuestiones y Horizontes: de la Dependencia Histórico-Estructural a la Colonialidad/Descolonialidad del Poder* (CLACSO, 2014).

antiguas colonias. Pero en realidad la vida misma de diversas comunidades de las Américas no cambió significativamente en su forma y estructura de vida y mantuvieron su diseño colonial dentro de un nuevo espacio estatal y secular conocido como la república. Dicho de otra forma, no hay una histórica de independencia real de razas, géneros, etnias, clases sociales, generaciones, tierras y ríos vivos y territorios ancestrales. A comienzos del siglo XX, lo recalcó el filósofo mexicano, José Vasconcelos: "nosotros mismos hemos llegado a creer en la inferioridad del mestizo, en la irredención del indio, en la condenación del negro, en la decadencia irreparable del oriental. La rebelión de las armas no fue seguida de la rebelión de las conciencias".[93]

Nuestra propia historia de autonomía e independencia cultural, racial, étnica, epistémica, teológica, política y económica todavía está por escribirse. Por tanto, podemos hablar de una vida colonial hoy en día acomodada dentro de una historia de independencia política. Esta vida colonial o colonialidad ha sido disimulada o encubierta con iniciativas primermundistas de tipo: modernización industrial y educativa, ilustración cultural, democratización política, capitalización del mercado, protestantización del tejido religioso, etc. Pero jamás hemos redimido (liberado) eficientemente el diario vivir y los cuerpos de gentes, pueblos y criaturas de nuestro continente.

Continuamos siendo uno de los territorios más empobrecidos del planeta. Continuamos siendo uno de los contextos de mayor corrupción política y económica de nuestro planeta. Y todo esto entra en directa contradicción con el hecho de que hemos llegado a ser uno de los baluartes del cristianismo moderno católico y evangélico. Somos uno de los territorios más religiosos del planeta y a la vez más pobres y con mayor corrupción. Esto es lo que yo llamo un paradigma eclesial anti-transformador y des-integral que se muestra en cómo nuestra conducta religiosa no transforma la vida diaria y sus estructuras, más bien en algunos casos, colabora, consciente o inconscientemente, con los mecanismos de empobrecimiento, corrupción y devastación ambiental. Esto no quiere decir que no haya iglesias, ministerios y redes cristianas que demuestren la integralidad del evangelio y su poder transformador, sino que aparte del hecho que son la minoría, el grueso

---

[93] José Vasconcelos, *La Raza Cósmica: Misión de la Raza Iberoamericana* (Espasa-Calpe, 1948), pp. 29–30.

de nuestro tejido religioso y cultural en el Sur Global Americano, sigue preso en un sistema-mundo cuyo Patrón Colonial del Poder neutraliza todo esfuerzo por pertinentes y liberadores que sean. Y lo hace desde adentro: a través de un código teológico colonial que nos mantiene colonizados internamente sin poder ser conscientes de ello, en muchos casos.

Modernidad: En este sentido podemos hablar de la modernidad como el flujo del tiempo y la retórica que se desplaza sobre los espacios coloniales. Estos espacios coloniales nutren la coexistencia perpetua de abismales diferencias en la calidad de vida de muchas gentes clasificadas como pobres, mujeres e "individuos" de tez oscura, de clase social baja, sub-educadas, de trasfondo indígena y campesina. El concepto modernidad colonial se usa usualmente para explicar este fenómeno acoplado en cinco siglos y concientizarnos de que la modernidad como flujo del tiempo de progreso se basa en una lógica de desventaja fundada en diferencias abismales entre razas, geografías, culturas, avances científicos y jerarquías de valor humano y privilegio que siguen el Patrón Colonial del Poder. En una frase, no hay modernidad occidental sin colonialidad mundial. No hay billonarios (1%) sin grandes masas empobrecidas; ni países del primer mundo sin países del tercer mundo; ni héroes blancos sin criaturas monstruosas de color negro o marrón.

Occidentalismo: Aquí entra en juego el tercer eje, occidentalismo, al cual yo le atribuyo una función lingüística y semántica. Occidentalismo funciona como el sistema de signos y significados que proyectan a Occidente y sus sujetos humanos y artefactos culturales como modelos originales de humanidad floreciente y a los no-Occidentales (nativos) o semi-occidentales (gente mestizada) como sujetos cuya aspiración humana debe ser el autodesarrollo por medio de la mimesis occidental. El occidentalismo funciona *orientalizando* las gentes y tierras del oriente, *africanizando* las gentes y tierras de África, *indianizando y mestizando* las gentes y tierras de las Américas, *asiatizando* las gentes y tierras de Asia, *minorizando* los inmigrantes y personas de color en los países de primer mundo. Por ende, la occidentalización es un instrumento vital de la tarea civilizatoria que hace *copias* occidentales de los no-occidentales y los semi-occidentales. Pero nunca dichas copias llegan a ser originales de Occidente. O sea, gente 100% gente. Porque solo la humanidad occidental puede calificar para ese porcentaje de 100% humanos.

Basta un vistazo histórico de las transformaciones semánticas occidentalistas de la identidad de los sujetos de las Américas para probar este punto. El *indio* como identidad americana fue inventado en base a una equivocación geográfica del Almirante Colón en el siglo XV que pensó (y murió así pensando) que había llegado a las Indias Orientales. Pero la humanidad del sujeto *indio* fue denegada en base a un prejuicio teológico de aquel entonces mediado por un sistema económico colonial. Me explico, los *indios* fueron definidos como "gente sin religión" y por lo tanto como "gente sin alma". Este error teológico y antropológico generó una condición social, racial, económica y cultural por los siguientes años. Aunque Fray Bartolomé de Las Casas hiciera grandes esfuerzos para desmentir que los pueblos originarios eran bestias (subhumanos) sino más bien gente bárbara con el potencial de ser 100% gente por medio de la evangelización civilizatortia, el argumento de Las Casas y aun la Bula Papal (*Sublimis Deus* 1537) que declara la racionalidad del indígena (en cuanto son hombres) y les atribuye ciertos derechos básicos, falló en la práctica real del trato a los Amerindios y el establecimiento del orden colonial equitativo en América. En las colonias se sobrepuso la creencia de la bestialidad indígena y africana. Ese estereotipo impulsó la economía colonial (siglos XVI-XVIII) y luego la estatal (siglos XIX-XX) y la de mercado mundial (1970s -presente). Así, el teólogo jurista Ginés Sepúlveda terminó ganando la larga argumentación de la controversia de la racionalidad o bestialidad indígena (1492-1552) en base a la utilidad económica en las "Indias Occidentales" a pesar que Bartolomé De Las Casas ganara la disputa teológica en los tribunales eclesiásticos.

Al fin de cuentas, la pregunta que llegó a gobernar las leyes de las "Indias Occidentales" era, ¿para qué pueden servir entonces los indios? La respuesta vino por la vía económica y luego por la vía teológica: para la mano de obra (bajo condiciones infrahumanas como las minas y las plantaciones) y para ser súbditos de las misiones evangelizadoras. Esto se extendió luego a las comunidades secuestradas y esclavizadas del África occidental e insertadas en el sistema económico colonial como substitutos y refuerzos a las poblaciones indígenas dramáticamente decimadas a causa de las condiciones infrahumanas de trabajo, las masacres y las enfermedades europeas (viruela, sífilis, etc.).

Al mismo tiempo se van dando los grandes mestizajes americanos hasta lograr tener todo un sistema de clasificación racial al servicio de la economía colonial que solo dejará de funcionar oficialmente a finales del siglo XVII (sistema de castas). Los cuerpos más blancos estarán en la cima de la escala de valor humano y los más oscuros ocuparán los lugares más bajos. Las identidades binarias que se crearán por medio del occidentalismo productor de los/as otros-inferiores en los diferentes momentos coloniales en las Américas (ibérico, francés, británico, estadounidense) marcarán un patrón hasta nuestros días insuperable de: salvaje o civilizado, mestizo/mulato o pura raza, pre-moderno o moderno, sub-desarrollado o desarrollado, terrorista o democrático, superstición o ciencia, blanco o negro, salvo o perdido, culto o inculto, mujer o hombre, derecha o izquierda, conservador o liberal, etc.

Presuposiciones y metas de desaprendizaje y reaprendizaje para un Nuevo Mundo

1. Esta colección parte de la fe y busca sembrar fe en sus lectores. Fe, sobre todo, en nuestro Dios Revelador, Reconciliador y Redentor. Y fe en Nuestra América y sus pueblos distribuidos en muchos rincones del planeta. Si Dios es mucho más amoroso, espacioso, justo, misterioso, sempiterno, poderoso que nosotros y está más allá y más acá de lo que nosotros podemos llegar a estar en relación a nuestras conciencias y sensibilidades e imaginaciones y cuerpos biológicos (Agustín de Hipona). Entonces Dios utiliza, pero a la vez es mucho más que, un lenguaje y sus códigos de significado y distorsiones culturales, más que una época histórica y sus recortes de realidad, más que una cultura y sus ideologías etno-centradas, más que un dogma o doctrina y sus razonamientos parciales, más que un texto bíblico y su mensaje histórico. Por consecuencia, Dios es más y siempre más que cualquier buen sermón de cualquier eximio pastor o evangelista o apóstol o profeta o más que cualquier libro de cualquier erudito (PhD o ThD) de cualquier universidad por primermundista y renombrada que sea.

2. Esta colección parte de la _IGNORANCIA DOCTA_ como una forma de conocimiento proactivo y busca concientizar a sus lectores de sus puntos ciegos a fin de reconocer y apreciar lo que uno no sabe mientras crecemos en los saberes de la vida. Si lo dicho en el párrafo anterior acerca del ser divino es cierto (su infinitud en amor, justicia, existencia, poder y presencia), entonces, Dios tiene muchas más formas de auto-revelarse, habitar en medio nuestro y ser conocido de lo que nosotros podemos experimentar, saber, catalogar e imaginar en una región geográfica como Europa o Estados Unidos, en una época histórica como la modernidad y con una lógica instrumental como la racionalidad de la ilustración. Dicho de otra forma, la experiencia y conocimiento de Dios en el mundo es mucho mayor que la experiencia y conocimiento de Dios en Occidente. De hecho, la mayoría de cristianos viven hoy fuera de Occidente. Por ende, dado que vivimos inescapablemente dentro del factor tiempo, espacio, materia y movimiento y al presente vivimos en un mundo nuevo (post-COVID-19 y de revoluciones mundiales anti-discriminatorias), un mundo tanto material como virtual, es sensato argumentar que nuestra (de cualquier grupo o tradición) experiencia de diversidad de época, lugar y relaciones humanas y ecológicas son infinitamente menores que las que Dios tiene y nosotros somos capaces de representar y registrar en nuestros discursos teológicos o predicaciones dominicales.

Estas afirmaciones no podrían ser juzgadas como radicales o exageradas sino como ortodoxas, si es que conocemos la historia del cristianismo. Lo que yo expreso aquí es algo antiquísimo. Lo interesante es que este tipo de pensamiento fue algo que brotó contextualmente para debatir pensamientos aparentemente heterodoxos que existían en diferentes regiones y gremios cristianos desde la antigüedad. Sin embargo, a través de los años diversas generaciones subsecuentes de líderes constituidos en concilios, obispados, el *Magisterium* y las denominaciones históricas que surgirán partir de la Reforma Protestante harán uso de diferentes credos y doctrinas antiguas para darle forma al presente de la iglesia cristiana. La idea antigua de *regula fidei* (regla de fe) será usada para controlar las formas de conocimiento cristiano por medio del concepto *ortodoxia*. Interesantemente, cada grupo constituido política y religiosamente va a reclamar la ortodoxia como suya por lo cual surgen múltiples ortodoxias y múltiples tradiciones. Hay un consenso académico y también eclesial de lo que podemos llamar La Tradición y las tradiciones y también la Ortodoxia y las ortodoxias. Sin embargo, sus fronteras epistémicas y pastorales son muy porosas y diferentes momentos históricos han probado que dicho consenso en algo temporal, negociable y evolutivo. Hay heterodoxias del pasado que hoy son orto-doxias (por ejemplo, *sola scriptura*) y ortodoxias del pasado que hoy son heterodoxias (por ejemplo, vetar la ordenación de la mujer basado en el dogma *in persona Christi)*. Todo depende de que tradición y región geográfica estemos hablando. En un próximo volumen trataremos el complejo proceso del *tradicionar* la fe y sobre qué bases algunos piensan que este proceso ya culminó o aún continua.

Dejemos el tema de las tradiciones occidentales por ahora subrayan-do lo siguiente: maravillosas ideas y conceptos teológicos nacen en las tradiciones occidentales para luego omitirse, adaptarse y usarse de for-ma opresora, mezquina y explotadora. Por ejemplo, lo que yo propongo teológicamente en el siglo XXI, se ha dicho por medio de la lógica racional en el siglo XII por el monje y arzobispo italiano St. Anselmo de Canterbury (1033-1109), quien retado por el "necio" del Salmo 13 y el necio de su propio entorno, elabora lo que se conoce en la teología sistemática como el "argumento ontológico" de la existencia de Dios: "Existe… un ser por encima del cual no se puede imaginar nada, ni en el pensamiento ni en la realidad… Dios es un ser tal, que no se puede con-cebir mayor que él".[94] Y más aún, varios siglos atrás encontramos uno de los padres de la Iglesia Oriental, Efrén El Sirio (306-373), enunciando un pensamiento oriental paradójico de la teología patrística/matrística:

> *Bendito es Él quien se ha manifestado a la humanidad a través de tantas metáforas. Deberíamos darnos cuenta que de no haber sido porque Él usó esos nombres, no le hubiera sido posible hablar con nosotros los humanos. Se acercó a nosotros por medio de lo que es nuestro: Se vistió con nuestro lenguaje para que nosotros podamos vestirnos con su forma de vida.*[95]

Así dicho, es sensato pensar que tendríamos que comenzar nues-tro desaprendizaje de lo que creemos saber antes de comenzar un rea-prendizaje de lo nos falta saber. O sea, comencemos valorando nuestra ignorancia como una forma válida de conocimiento básico (docta

---

[94] Véase San Anselmo, *Obras completas de San Anselmo. I*, trans. Julián Alameda, 1st edition (Biblioteca Autores Cristianos, 1952), pp. 367, 371.

[95] Traducción personal. Citado en M. C. A. Korpel and Johannes C. de Moor, *The Silent God* (Brill, 2011), p. 69.

ignorancia), como lo argumentaban los antiguos *"Deus est qui sola ig-norantia mente cognoscitur"* (Dios es aquel a quien la mente conoce tan solo en la ignorancia)[96] o como lo argumenta el epistemólogo del Sur, Santos, a quien ya hemos citado anteriormente:

> *Mientras no afrontemos los problemas, las incertidumbres y las perplejidades propios de nuestro tiempo, estaremos condenados a neo-ismos y a pos-ismos, o sea, a interpretaciones del presente que solo tienen pasado. El distanciamiento que propuse en relación a las teorías y disciplinas construidas por el pensamiento ortopédico y la razón indolente, se asienta en el hecho de que ellas han contribuido a la discrepancia entre preguntas fuertes y respuestas débiles que caracterizan nuestro tiempo. Esa discrepancia se traduce en grandes incertidumbres, entre las cuales subrayé dos principales: la incapacidad de captar la inagotable diversidad de la experiencia humana y el temor de que, con eso, se desperdicie experiencia que podría sernos muy valiosa para resolver algunos de nuestros problemas, y la incertidumbre derivada de la aspiración a un mundo mejor... para afrontar estas incertidumbres, propuse dos sugerencias epistemológicas construidas sobre dos tradiciones particularmente ricas de la modernidad occidental, ambas marginalizadas y olvidadas por el pensamiento ortopédico y la razón indolente que ha venido dominando en los últimos dos siglos: la docta ignorancia [Nicolás de Cusa], con la ecología de los saberes que de ella deriva, y la apuesta [Blas Pascal]... Ambas revelan la precariedad del saber —saber que ignora— y la precariedad del actuar —apostar en base a cálculos limitados.[97]*

La teoría epistemológica de Santos es relevante para nosotros porque critica el euro-occidentalismo y reconoce un Occidente no-occidentalista que ha sido marginado y olvidado. El caso de la teología occidental no-occidentalista es un caso particular porque se ve atrapada dentro del Patrón Colonial del Poder. En dicho espacio geopolítico y epistémico, teologías occidentales no-occidentalistas producen grandes ideas y

---

[96] Anónimo del siglo XII, *El libro de los veinticuatro filósofos*, ed. Paolo Lucentini, trans. Cristina Serna and Jaume Pòrtulas, 1st edition (Siruela, 2000), p. 89.

[97] Boaventura de Sousa Santos, *Epistemologías del Sur* (Akal, 2014), cap. 14.

avances con el potencial de abrir los horizontes del conocimiento mundial, pero a la vez son omitidas, reguladas, deformadas y exterminadas por otras teorías del conocimiento que sostienen la maquinaria epistémica de la modernidad colonial. Se dan así grandes contradicciones dentro de la teología e iglesia occidentalizada. Los fundamentalismos epistémicos conservaduristas y liberales son un ejemplo de estas contradicciones. Los casos que hemos citado, y también Santos, ilustran nuestro punto. Como Santos lo presenta, ha sido el pensamiento "ortopédico" y la razón instrumental e "indolente" la que ha guiado muchos de los epistemicidios genocidas en nuestro contexto. Una conversión del conocimiento hacia un paradigma epistémico más humilde constituido no por la "verdad absoluta" de la ilustración sino por la ignorancia docta, la ecología del conocimiento y la apuesta a un mundo mejor sabiendo que no tenemos ni la fórmula secreta del triunfo (gnosticismo) ni la fórmula científica del mismo (cientismo) nos permite prevenir los efectos genocidas, etnocidas, matricidas, ecocidas de los fundamentalismos religiosos que a través de la historia humana han registrado un itinerario de violencia de saberes y exterminación de pueblos y culturas del mundo. Para hablar muy concretamente, todos/as en el planeta tierra hemos perdido más de lo que hemos ganado después de las horribles atrocidades causadas por los cuatro genocidios/epistemicidios que fundaron la modernidad colonial y el desarrollo de Europa occidental, ocurridos en el siglo XVI:[98]

1. La conquista de Al-Andalus y el genocidio/epistemicidio en contra de los musulmanes y judíos.
2. La conquista de las Américas y el genocidio/epistemicidio en contra de los pueblos originarios.
3. La conquista de los pueblos africanos y el genocidio/epistemicidio de sus descendientes esclavizados en las Américas.
4. La conquista de las mujeres Indo-Europeas y el genocidio/epistemicidio en contra de las mujeres quemadas vivas acusadas de brujería.

El mundo de hoy es peor, no mejor, después de estos genocidios/epistemicidios generativos de la modernidad colonial. Hasta el día de hoy

---

[98] Véase Grosfoguel, "The Structure of Knowledge in Westernized Universities."

continuamos perpetuando sus efectos de forma concreta; como el holocausto judío causado por los Nazis alemanes en el siglo XX o la invasión y destrucción de Irak causado por los Estados Unidos en el siglo XXI. Este tipo de violencia etno-racial continua vigente en nuestro tiempo porque la percepción de los judíos y los musulmanes es de que su humanidad vale mucho menos que la humanidad de razas blancas noroccidentales poderosas económica y políticamente. Si ponemos atención, no ha cambiado mucho el panorama de exterminación humana liderada por los poderes coloniales del pasado. La diferencia es básicamente quien está en el turno del poder y la forma en que se determina el otro.

3. Esta colección parte del principio *pro-biótico* (pro vida) del evangelio de Jesús de Nazaret y busca persuadir a sus lectores de abandonar el hábito colonial anti-biótico (anti vida). En el siglo XVI, la corona española y portuguesa decimaron la población indígena andina en la región de Tahuantinsuyu con aproximadamente una población de 15 000 000 de habitantes a 600 000 habitantes en un lapso de apenas 88 años, nos asegura el historiador peruano Villanueva Sotomayor.[99] Simultáneamente, en la región andaluza de España, Al-Ándalus, la corona quemaba dos exquisitas librerías de corte mundial: una en Córdoba con 500 000 títulos y otra en Granada con unos 250 000 títulos. Mientras tanto, regresando a las Américas nuevamente, los conquistadores en alianza con algunos misioneros destruían miles de artefactos y códices de las civilizaciones Aztecas, Mayas e Incas con el fin de convertirlos exterminando todo tipo de conocimiento que les diera valor y poder cultural. Obviamente, el genocidio y epistemicidio van de la mano, como lo demuestra el sociólogo boricua Ramón Gosfroguel.[100] Ambos son los antibióticos letales (anti-vida) aplicados a las comunidades de las Américas a fin de infertilizarlas; quitándoles toda posibilidad de ser autónomas, libres y florecientes. Recordemos que la ideología de supremacía blanca eurocéntrica ha considerado un germen humano para exterminar todo aquello que luce como diferente: lo nativo, lo culturalmente otro, lo no europeo. Nunca podremos recobrar los saberes, ciencias y conocimientos acumulados por miles de años de estas culturas maravillosas destruidos por un momento de avaricia colonial y

---

[99] Julio Villanueva Sotomayor, Julio. *El Perú en los Tiempos Antiguos* (Empresa Periodística Nacional SAC, 2001).

[100] Véase Grosfoguel, "The Structure of Knowledge in Westernized Universities."

demencia religiosa de los gremios fundamentalistas y misiones evangelizadoras anti-bióticas (anti-vida).

**4. Esta colección parte del principio *Espíritu Sanador Descolonial*
como la primera enunciación de la teología mundial. Y busca equipar
al creyente para una práctica cristiana ubicada, pertinente y glocal.**
Hay un giro epistemológico e ideológico con una serie de transformaciones glocales que se está gestando en muchas partes del mundo actualmente:

- De una mono-cultura occidentalista a expresiones culturales transoccidentales.
- De un "cristo blanqueado" comisario de los cánones occidentales
  al Espíritu de Dios descolonizador y Sin Fronteras.
- De una eclesiología colonialista a una eclesiogénesis indigenista.
- De una ética moral de conquista occidental a una ética eco-
  liberadora de sostenimiento mundial.

Los pueblos del Sur Global Americano han participado en estas
transformaciones por medio de sus 500 años de subyugación y resistencia, de creaciones imperiales y re-creaciones del Espíritu en las comunidades que tradicionan la fe y buscan la justicia. Mientras que la
idea y experiencia del Espíritu de Dios ha sido un tema marginal en los
casi veinte siglos de teologías de Occidente, el Espíritu Santo ha sido
una experiencia primordial de la iglesia de las Américas en sus cinco
siglos de historia. Ahora, se hace indispensable para la reflexión teológica mundial entender la relación Espíritu-Iglesia-Nuevo Mundo.[101] Para
ello es necesario establecer criterios de diálogo actual que no solo tengan
pasado occidental sin futuro mundial, sino que tenga *pasado propio* con futuro mutuo. Este tipo de trabajo teológico comparativo y reconstructivo
se le hace muy difícil a teólogos/as, pastores/as, misioneros/as y obreros/
as que fueron formados bajo el régimen epistémico de la modernidad
colonial porque en dicha formación solo se ha aprendido a ver y valorar
el pasado occidental en nosotros y nuestras tradiciones. Aquí rompemos
con esta atadura epistémica y buscamos la libertad liberadora del Espíritu, pues en todo espacio donde está el Espíritu de Dios ahí hay libertad

---

[101] Para una hermenéutica semejante a esta véase Amos Yong, *Spirit–Word–Community:
Theological Hermeneutics in Trinitarian Perspective* (Wipf and Stock, 2006).

(2 Cor 3:17). Para establecer este diálogo con pasados propios y futuros mutuos propondremos tres postulados transoccidentales en este capítulo. La relevancia teológica de estos postulados es que los pueblos del Sur Global Americano han sido receptores de tradiciones occidentales, pero a la vez originadores de tradiciones propias. Dicho de otra manera, más allá de ser gente *tradicional* somos gente *tradicionadora*.

El nuevo punto de origen teológico y misional en el Sur Global Americano comienza con la tarea de sanidad epistémica de la herida colonial, infringida sobre los pueblos, tierras y espacios de vida americana. Esto implica, el desmantelamiento del mito occidental con que se fundó el proyecto "nuevo mundo" y América: que el Dios de Occidente es distinto, enemigo y superior al Dios de los pueblos originarios y africanos.[102] Las consecuencias de este mito teológico han sido nefastas porque se basa en la invención de un *humanitas americanus* inferior, servil y perpetuamente dependiente del amo occidental. Aquí afirmamos que el Dios de los pueblos originarios y africanos es el Dios del universo, de los hebreos, griegos, orientales, europeos, y de las gentes del mundo. Es el Espíritu de Vida, Espíritu Sin Fronteras y Sanador Descolonial de los pueblos excluidos y denegados por la historia genocida de la modernidad colonial. La vida es el primer estrato de la fe, la razón y la justicia.

El Espíritu vivificador (2 Cor 3:6) instaura en nosotras/os el carácter creativo y regenerativo del Dios de la vida orgánica sin la cual no hay vida social, intelectual, espiritual, moral, etc. Esta colección de tratados teológicos parte de la vida, de todas sus esferas y aboga por todas las vidas del planeta. Es pro-vida en el sentido más pleno de la palabra.

5. Esta colección parte del principio BIO-GRÁFICO de la teología cristiana. Y busca enseñar a los lectores a leer la Biblia narratológicamente y expresar sus verdades vivenciales y de abundancia teológica. La teología como *bio-grafía* es un modo de teologizar fundacional para el Nuevo Mundo. La teología, en este sentido, parte de la vida orgánica o biológica como una dimensión inseparable de la vida espiritual, social y cognitiva. Desde la perspectiva humana, solo puede tener fe y compartir

---

[102] La teóloga Mexicana Elsa Támez ha argumentado extensamente sobre este punto. Véase "Támez, Quetzalcoatl, Alianza y Lucha de Dioses | Fe | Azteca," Scribd, accessed January 27, 2021, https://es.scribd.com/document/280545239/Tamez-quetzalcoatl-alianza-y-Lucha-de-Dioses.

información quien tiene (o ha tenido) un cuerpo físico y hace parte de una comunidad con cuerpo físico y su conjunto de relaciones y redes sociales. Este entendimiento obvio ha sido algo completamente fundamental en el desarrollo y la historia del cristianismo temprano. El negar la corporalidad de la fe fue (y es) una de las herejías más devastadoras y poderosas en nuestro mundo cristiano. Se conoce como *docetismo* y se infiltró en las comunidades y enseñanzas cristianas desde la época del primer siglo y continua con nosotros hasta nuestro tiempo de muchas formas. En el caso del cristianismo temprano, todo comienza con un simple hecho, negar la plena humanidad biológica del hijo de Dios, Jesús de Nazaret, porque la materia se ve como una sustancia que decae y es naturalmente corrupta y el alma (o espíritu) es etérea, asciende y es naturalmente pura. Así se argumentó a favor de los atributos divinos por encima de los humanos. Ha habido defectos teológicos, también, en la dirección opuesta, pero es el docetismo la corriente teológica que más efecto parece tener sobre la iglesia y el liderazgo moderno en nuestro hemisferio. Como recalca comúnmente el historiador Justo González, la historia también tiene su historia. Si el cuerpo biológico de una persona quienquiera que sea y donde sea que viva, no es la buena obra de Dios según lo inferimos del texto hebreo en el libro de Génesis 1-3 y se requiere de una *infusión extra* para que dicha persona sea plenamente valiosa, indispensable y plenamente humana, entonces estamos ante una situación de docetismo. Lo que entendemos como Gr. *soteros* (salvación) en el contexto del Nuevo Testamento no significa completar la humanidad sino "preservar la vida, dar salud corporal, bienestar y prosperidad".[103] El racismo, sexismo, las violencias de género, genocidios, feminicidios, las discriminaciones y opresiones masivas de pueblos y la subyugación de unos sobre otros se basan en este defecto antropológico y bíblico-teológico: unos valen menos que otros porque su valor humano no es pleno, absoluto, completo sino faltante. Por lo tanto, una persona identificada como indio, negro, mujer, niño, con habilidades *otras*, campesino, musulmán, judío, inmigrante "ilegal," analfabeta, etc., puede más fácil y rápidamente ser exterminado/a o abandonado/a a

---

[103] Véase Gr. *Soteros* en diferentes contextos (Tito 1:3, 2:13; 1 Timoteo 1:1; 2 Pedro 1:1, 3:2, etc). También podemos llegar a esta conclusión haciendo un estudio terminológico intertextual. Ver por ejemplo Alexander Souter, *A Pocket Lexicon to the Greek New Testament* (Clarendon Press, 1920).

la peor suerte, sin compasión ni remordimiento, porque es una cosa desechable y dispensable. Lo peor del caso es que lo podemos justificar bíblicamente, a través de interpretaciones racistas, de la misma manera que grandes eruditos justificaban, por medio de interpretaciones docetistas, que Jesús de Nazaret no era plenamente humano y por lo tanto la corrupción de la materia orgánica no lo afectó.

Hay varias respuestas doctrinales e históricas que se dieron a quienes expresaron sus dudas acerca de la humanidad de Jesucristo. Dos de las más sobresalientes son: (1) la afirmación que vemos registrada en el credo niceno-constantinopolitano: *Jesucristo es plenamente humano, pero no meramente humano, pues Dios estaba presente en él en una manera única. Dicha presencia solo puede describirse como ser; el ser de Dios es igual al ser de Jesucristo. Entonces, Jesucristo es ambos plenamente humano y plenamente divino.*[104] (2) Otro ángulo patrístico, más bien soteriológico, para abordar el asunto de la plena humanidad de Jesucristo la ofreció el célebre teólogo capadocio Gregorio de Nacianceno. En un debate teológico que abordaba la controversia con Apolinares argumentó: *lo que no ha sido asumido, no ha sido curado.*[105] Esta afirmación teológica patrística tiende a ser menos conocida, que la primera, en nuestro contexto americano y es sumamente importante para la elaboración de una teología del Nuevo Mundo. Gregorio elabora su perspectiva recalcando que ningún aspecto humano escapa a la encarnación de Dios, porque en tal caso la salvación total de la condición humana sería incompleta y la razón de la encarnación absurda. Este no es el momento para establecer un argumento exhaustivo de antropología teológica, lo cual se ofrecerá en un próximo volumen, pero sí necesitamos dejar claro nuestro punto de partida, ya desde este primer volumen: *la encarnación plena de Dios implica plena humanidad en nosotros (no sin pecado). Dicho de otra forma, si la encarnación ocurre en una naturaleza humana incompleta la encarnación resulta incompleta, y por ende, como lo argumenta Gregorio, la salvación (Gr. soteros) sería también incompleta e ineficiente. La salvación significa preservar y redimir la naturaleza humana, no completarla.*

Sobre esta afirmación doctrinal (clásica) contrarrestamos toda doctrina docética que se ha fundamentado en la ideología que los Amerindios,

---

[104] Véase Justo González, *Breve Historia de las Doctrinas Cristianas,* (Abingdon Press, 2014), pp. 128-129.

[105] Gregorio de Nacianceno *Ep.* 101, 32: *SC* 208, 50.

mujeres, africanos, orientales, indocumentados, pobres, musulmanes, judíos, personas con capacidades *otras* o personas auto-identificadas como LGBTQA+, etc., tienen una naturaleza humana incompleta, de menor valor humano que otras, y por lo tanto son dispensables en contraste a los hombres, blancos, occidentales, ricos del norte (modelo humano) que son indispensables para la raza y el progreso humano. Así establecemos que la teología del Nuevo Mundo parte de la vida, del valor de la vida, de todos los aspectos de la vida, de todas las personas del planeta.

La teología, entonces, o parte de la vida —nuestras vidas en relación a todas las otras experiencias de vida planetaria— o no es. Esto no significa que deseamos totalizar un discurso o generalizar un campo de estudio reduciendo todo a una función vitalista monolítica como ha ocurrido en casos en la modernidad occidental. Significa más bien que todo asunto teológico se arraiga en la vida, habla de la vida, enseña a vivir, lucha por el bien vivir y da significado al vivir imaginando maneras de desmantelar el mal vivir, esto es, el sobrevivir subyugado, oprimido, corrompido, marginalizado, exterminado.

Nuevamente, esta postura teológica de encarnarse en la vida y acompañarnos de vuelta a Dios es algo antiguo. El teólogo sistemático católico romano por excelencia, Tomás de Aquino, nos ha dejado una contribución que fue abrazada aun por los teólogos protestantes escolásticos, en cuanto a la definición de la teología se refiere: *"Theologia a Deo docetur, Deum docet, et ad Deum ducit"* (teología enseñada por Dios, que nos enseña de Dios y nos guía a Dios).[106] Pero retornando al origen mismo del cristianismo, cuando Jesús de Nazaret dice "yo soy el camino, la verdad y la vida... [y] he venido para darles vida y vida en abundancia" (Juan 14:6; 10:10) nos brinda una declaración sísmica que une el cielo y la tierra, lo abstracto y lo concreto, la profundidad y la exterioridad, el pasado y el futuro y crea un vínculo ineludible para el quehacer teológico encarnándolo en la vida misma. El Verbo divino, del evangelio de Juan, reintroduce la Torá viviente del pentateuco de Moisés, para dejar claro que Dios se encarnó, se humanizó, se hizo vida y aprendió a vivir dentro de nuestras creaciones culturales, étnicas, raciales, de género, de

---

[106] Esta definición Tomista de la teología ha sido una de las pocas contribuciones católico romanas explícitamente reconocidas y abrazadas por teólogos protestantes escolásticos. Véase Richard A. Muller, *Dictionary of Latin Theological Terms: Drawn Principally from Protestant Scholastic Theology* (Baker, 1993), p. 299.

imperio, de revoluciones y reformas, de sufrimiento y de rizas y de la lucha por el bien vivir. La vida como lugar primario de revelación y acción divina sobrepasa la sistematización de la idea de *una cosa* por compleja que nos parezca (teología sistemática occidental). Por ende, teologizar a partir de una idea, reflexión, acción, sentimiento, memoria o aspiración pretendiendo hacer teología universal será siempre una caricatura peligrosa y mentirosa. Jesús de Nazaret hace teología auto-teologándose, auto-narrándose y auto-biografiándose en el contexto de su comunidad. Así el fundador y sustentador del cristianismo, a través del Espíritu de Vida, nos impone la tarea de ubicar la teología en la vida. Y nos impone así una ruta (o método) que parte de un compromiso ético que es a la vez un compromiso evangélico, o sea bíblico, y tiene como horizonte, en palabras de las teólogas latinoamericanas Elsa Támez y María Pilar Aquino, "La calidad de vida que… tiene como punto de referencia el principio evangélico de la abundancia de vida (Jn 10:10), al igual que lo fue para Jesús y su movimiento".[107] Esto simplifica y clarifica la vocación de elaborar una teología que sea sierva de la vida abundante, que sirva para vivir y nos guíe al bien vivir. Nuestro *Sumun Bonum*.

Cómo elaborar una teología del Nuevo Mundo

En vista de lo expuesto hasta aquí, comencemos por reconocer que cualquier sistema de ideas que nos hace pensar que somos o podemos llegar a ser *expertos en Dios* es pretencioso, mentiroso y peligroso. Cuando logramos entender esto, toda nuestra apariencia de conocimiento perfecto, de verdad absoluta y de celo apologético por corregir y convertir a toda persona a nuestra forma de pensar se desvanece. Creernos expertos en Dios, o sea, creer que nosotros tenemos la llave para entender las múltiples formas de conocer y expresar el conocimiento de Dios —al punto de controlar la representación, lenguaje, maneras de hablar de la acción de Dios en nuestro mundo— es una forma de *idolatría cognitiva*.

La Torá, en la Biblia Hebrea (Antiguo Testamento cristiano), se entiende y lee a partir del acto de auto-revelación de Dios (Éxodo 3-4) por lo cual toda representación por medio de imágenes, ideas, prácticas o conductas humanas que buscan controlar el conocimiento de Dios

---

[107] Aquino, María Pilar y Támez, Elsa. *Teología Feminista Latinoamericana* (Quito, Ecuador: Abya Yala Editing, 1998). Kindle Edition. Locations 78-79.

y, por lo tanto, la libertad divina de relacionarse y revelarse a su creación en su propia manera es considerada como anatema (Éxodo 20). El Nuevo Testamento continua con esta línea de pensamiento teológico de la Torá y la extiende aún más, dándole un contenido más significativo por medio de la encarnación de Dios en la persona de Jesús de Nazaret (Juan 1), quien se puede considerar como *la Torá viviente*.

El asunto del *conocimiento* como la base de ser, pensar, creer, sentir, hacer, imponer, obligar, exterminar al otro es algo que toma una fuerza sinigual en el desarrollo del cristianismo occidental moderno, en Europa y sus colonias mundiales. Esta forma de ser humano pensante *(homo sapiens)* y usar el conocimiento como maquinaria de control geopolítico, etno-racial y religioso se da como parte de una combinación histórica singular. En otras palabras, la capacidad humana de socializar nuestro conocimiento (revolución cognitiva que surge hace 70.000 años) a partir del siglo XV se organiza de forma global por un manojo de imperios occidentales (locales) que expanden sus reinados a varias partes del planeta. En ese vaivén colonial e imperial se va tejiendo la modernidad como lógica y espacio de desarrollo proyectando la idea de un centro-matriz (Europa) y una serie de periferias-sucursales (colonias mundiales). Esta dinámica de diseño global a partir del conocimiento, constituye una historia muy corta y reciente, en comparación a los 200.000 años de experiencia humana en el planeta.[108]

Esta historia reciente parte de la idea de un *ser autónomo y abstracto pensante* que precede (teóricamente) a *un ser corporal y comunitario actuante*. Este giro epistemológico de la identidad humana se concretiza en Europa Occidental en el siglo XVII con la filosofía geométrica del francés René Descartes (1596-1650) y la física mecánica del inglés Isaac Newton (1642/43-1727). El primero logra desplazar la metafísica premoderna con la científica moderna, ubicando al ser autónomo pensante en un espacio dualista (pensar-existir) y armándolo con una duda metódica como base del saber y el ser.[109] El segundo aplica el sistema "cartesiano" y lo pone en línea con los fenómenos naturales de manera que se den

---

[108] Me estoy refiriendo aquí a la aparición del *Homo Sapiens en África*. Véase, por ejemplo, la exposición de la historia mundial por el filósofo e historiador judío Yuval Noah Harari, *Sapiens. De animales a dioses: Una breve historia de la humanidad* (DEBATE, 2014).

[109] Para una exposición erudita sobre este tema consúltese a Enrique Dussel, "Meditaciones Anti-Cartesianas: Sobre El Origen Del Anti-Discurso Filosófico En La Modernidad," *Tabula Rasa*, no. 9 (July 2008): pp. 153–97.

las condiciones de un pensamiento científico (físico-matemático) cuyo lenguaje y gramática conjugan el orden moral como reflejo del orden cósmico (método científico). Eventualmente, los pensamientos filosóficos, políticos y económicos —entrelazados teológicamente por humanistas e ilustradores de la talla de Hugo Grotius (1583-1645) y John Locke (1632-1704)— se materializarán en forma de *nación estado* y *ciudad* moderna.[110] Se produce así una historia que cuenta una trayectoria de progresos desde Europa y se cientifica la política, economía, biología, filosofía en base al concepto *cosmópolis.*[111] Este orden moral imaginado desde Occidente como modelo universal y *cosmopolita* —como un mundo auto-suficiente y hacia el resto del mundo carente— será la base de los proyectos coloniales/modernos de Francia, Inglaterra, Holanda, Bélgica, Alemania y recientemente Estados Unidos de América.

Interesantemente, la teología sufre grandes daños puesto que los críticos de la *era de la sospecha* la desplazarán de su privilegio político y epistémico de la era pre-moderna. La teología occidental se ve en la necesidad de acompañar los giros epistémicos, geopolíticos, culturales y científicos de su tiempo o bien perecer. Surgen así las clasificaciones disciplinarias de la ilustración en la universidad, ciudad, gobierno, iglesia, etc. Y estamos aquí ya en el siglo XIX-XX donde estudiar teología formalmente significa una formación académica euroamericana, donde una de dos cosas ocurre: se viaja a Europa o Estados Unidos para ilustrarse, o bien, se fundan seminarios o universidades como sucursales occidentales en las colonias y excolonias europeas. Esto, de una u otra manera, cabe dentro de la agenda de *cosmópolis*, aunque diferentes corrientes de pensamiento teológico en contextos como América Latina, África, y Asia la resistan o la promuevan o la ignoren. ¿Cómo re-originar el quehacer teológico tomando en cuenta los epistemicidios y avances que hemos visto del dramático itinerario del cristianismo en Occidente y el resto del planeta?

El siguiente esbozo de cómo hacer teología del Nuevo Mundo que presentamos a continuación no sigue la línea de disciplinas expertas en Dios según la Ilustración occidental o su crítica posmoderna, más

---

[110] Véase Charles Taylor, *Modern Social Imaginaries* (Duke University Press Books, 2003), cap. 1.

[111] Para un recuento de este desarrollo europeo consúltese a Stephen Toulmin, *Cosmopolis: The Hidden Agenda of Modernity* (The University of Chicago Press, 1992).

bien parte de la *ignorancia docta* y busca rastrear y enmarcar los pensamientos, propuestas prácticas de las tradiciones vivas del Sur Global Americano y sus visiones y ambiciones, en la manera de lo posible. En los libros de textos de teológica occidental tradicional, la presentación del método (usualmente histórico crítico o analítica) se plantea al principio del escrito en forma de prolegómeno. Sin embargo, en nuestro libro de texto, hemos decidido tomar otra ruta y presentar el método al final. Hay dos razones para ello, una teórica y otra práctica. Debíamos presentar un caso en favor de una teología *otra*, cuyo posicionamiento epistémico y geopolítico fuera claro. Pero además hay una razón práctica y pedagógica, que el/la lectora pueda recoger los conceptos más significativos para su formación al final de la jornada de reflexión.

A quienes les gusta pescar les pregunto, ¿cuán frustrante es posicionarse en un lugar del lago, río o mar para descubrir que uno está en el lugar equivocado, buscando a peces que no están o visitan ese lugar (*locus theologicus* - espacio de actividad divina)? O bien, que tenemos la carnada o tipo de equipo de pesca equivocado (preguntas pertinentes y metodología)? Hay que primero conocer el ecosistema y la conducta de los peces en ese ecosistema para luego construir las maneras de atraparlos sin extinguirlos. Los peces en esta alegoría son los tipos de conocimientos que revelan la vida y actividad de Dios en nuestra vida y medio ambiente.

A continuación, presentamos un sistema para rastrear conocimientos teológicos —la actividad de Dios— en el Sur Global Americano. Iniciamos por plantear varias tesis que creemos necesarias como punto de partida al aplicar el método transoccidental. Esto significa que nuestra aproximación a los conocimientos, teóricos y prácticos, en el campo de la teología como la hemos planteado comienza con el posicionamiento epistémico-ético de nosotros/as mismos/as en las fronteras borrosas de los saberes y disciplinas que se encuentran en los espacios de vida del Sur Global Americano. Estas tesis, en sí, serán desarrolladas en detalle a través de diferentes volúmenes de la colección *Teología del Nuevo Mundo*. En este primer volumen introductorio nos limitamos a plantearlas como parte de la matriz teológica transoccidental. Dicha matriz está constituida por una *inteligencia latina* (razón transoccidental) que llamamos mestizo(a)logía y consta de cuatro procesos entrelazados y sinérgicos que funcionan como puntos cardinales o portales del conocimiento.

Tres tesis transoccidentales

1. Las gentes, tierras, identidades, significados del Sur Global Americano han sido creadas varias veces y por diferentes poderes: teológicamente somos todos/as criaturas de Dios y también, en el contexto de las Américas, epistémica y geopolíticamente somos criaturas de los imperios occidentales que nos han conquistado y colonizado sucesivamente hasta el día de hoy. Sin duda, nosotros/as mismos/as hemos creado aspectos importantes de nuestra identidad como tercera fuerza. Es indudable, sin embargo, que nuestra identidad arrastra la *herida colonial* sin lograr hasta hoy desprenderse de los códigos coloniales/modernos que proyectan la necesidad de ser continuamente civilizados, humanizados y clasificados en razas, géneros y etnias subalternas y dispensables en contraste a la raza blanca euroamericana (normatividad masculina blanca occidental) proyectada en el otro-colonizado como humanidad y cultura ejemplar, universal y superior.

2. La herida colonial provoca diversas reacciones epistémicas y culturales, conscientes e inconscientes. Por un lado, la gran exclusión originadora (pecado originador) impone a la subjetividad latina el anhelo por trascender las memorias coloniales y formas subalternas de vida actual, buscando re-imaginarse, como gente y pueblo autónomo, sobre un horizonte diferente, liberador y emancipado que la lleve al auto-conocimiento, la auto-representación y la auto-liberación. De aquí que nuestra entrega a utopías occidentales de derecha (desarrollo y progreso) y de izquierda (independencia económica y revolución política) constituyen reacciones recurrentes, pero pocas veces bien interrogadas al punto de rayar en extremismo, sensacionalismo, populismo, fascismo, etc. Esto termina redundando en nuevas formas occidentalizadas de auto-opresión. Los proyectos cristianos de corte fundamentalistas y progresistas, así como los proyectos seculares ideológicos de liberación y revolución política ofrecidos como utopías, han, generalmente, colapsado en distopía a razón de lo anterior.

3. Proponemos la matriz transoccidental como antídoto al Patrón Colonial del Poder, ofreciéndolo como un dispositivo de

reconstrucción teológica y continental. La descolonialidad se usa como táctica epistémica con una ecología liberadora como agenda evangélica de vida plena y autónoma (Jn 10:10; Rm 5:17). La transoccidentalidad, que ubicamos dentro del imaginario bíblico y teológico, representa un horizonte *evangélico otro* desde donde se proyecta la nueva creación en Cristo (p. ej.: Ef 2:4). Teóricamente, transoccidentalidad es el horizonte imaginado desde nuestra propia realidad histórica como un espacio del ser, saber, creer, sentir y hacer *nuestroamericano* (José Martí), que funciona como vientre del ser comunitario y se descubre desprendido de la lógica occidentalizante. Redescubierta, esta autoconsciencia comunitaria busca la praxis, no vive más en el orden nostálgico de la herida colonial, sino que logra *negar las negaciones* occidentales encubiertas en proyectos desarrollistas a la vez que utiliza constructivamente las buenas herencias emancipadoras occidentales, así como las ancestrales e indigenistas. Transoccidentalidad constituye así una proyección, desde el Sur Global Americano, del ser *latino/a/x* (indígena, blanco, oriental, afrodescendiente, híbrido) enunciado desde la exterioridad de la colonialidad/ modernidad/ occidentalismo (en sus fronteras borrosas), cuya primera creación es la *descreación* colonial/ moderna/occidentalizada. Esta *descreación* en sí constituye una nueva creación trans-colonial/ transmoderna que re-interpreta el *imago Dei* dentro de la nueva humanidad (Gr. *Kainon anthropos*, Ef 2:15), forjado en el autoconocimiento crítico y auto- representación en el foro planetario de mundos subalternizados como nosotros/as, pluriversal e intercultural sustentado por Dios (Hechos 2), Su Palabra Viviente (Mt 4:4) y Su Espíritu Dadora de Vida (Rm 8).

Matriz teológica transoccidental[112]

Dispositivo de reclasificación. La transoccidentalidad entrelaza múltiples imaginaciones críticas para interactuar con los contextos

---

[112] Los pensamientos centrales de esta sección han sido desarrollados en varios años de investigación, diálogos críticos y prácticas ministeriales y han sido registrados en varios textos. El más reciente material se encuentra en Oscar García-Johnson, *Spirit Outside the Gate: Decolonial Pneumatologies of the American Global South* (IVP Academic, 2019), cap. 3.

multitudinarios en los que viven las comunidades subalternas que comparten subyugaciones comunes del Sur Global Americano. A diferencia de las teorías críticas anti-coloniales y poscoloniales que descartan la teología cristiana por considerarla una pieza constitutiva del colonialismo, la transoccidentalidad argumenta que el proceso teológico es esencial para una descolonialidad profunda y plena y la propone como un factor intersticial y utópico. Ya lo hemos propuesto en otros escritos, la pregunta más apremiante para la teología cristiana y las misiones en el contexto del Sur Global Americano es: ¿cómo involucrarse crítica y humildemente con los esfuerzos históricos y emancipadores de las tradiciones latinoamericanistas/transamericanistas? Para ello es mandatorio que el proceso teológico y misional se desprenda de su lógica interna y *ethos* atrapada en el itinerario imperial/colonial/moderno/occidentalista.[113] Lo cual implica, para el proceso teológico, algo muy antiguo y muy por encima de su historia y constitución de 1500 años. Esto es, el proceso teológico debe aprender a *negar sus negaciones*, en términos de la pretensión universal y monopolio de la verdad, bondad y belleza. Simultáneamente, dicho proceso debe estar presente como un dispositivo intersticial de des-clasificación/reclasificación y como una energía orientadora de la liberación integral del pueblo. Todo esto conlleva una serie de negociaciones epistémicas internas y externas de sus lógicas históricas y adquiridas a fin de participar en el esfuerzo conjunto de liberación integral de un mundo por cinco siglos inventado, subyugado y controlado por el sistema mundo de la modernidad colonial. Esto que acabo de articular podría parecer imposible (a los detractores del cristianismo) e indeseable (a los promotores del cristianismo monocultural). Pero una lectura amplia y profunda de la historia del cristianismo temprano nos enseña que el movimiento cristiano de los primeros siglos no era:

- una religión mayoritaria,
- un grupo etno-racial dominante ni poderoso económicamente,
- una estructura con personería jurídica, fondos centralizados y constitución formal,
- un grupo monolítico en cuanto a sus doctrinas,
- un monopolio en cuanto a sus interpretaciones,

---

[113] Véase García-Johnson, *Spirit Outside the Gate,* pp. 28–41.

- un imperio en cuanto a su expansión misionera y el control de sus súbditos,
- una población monolingüe o monocultural en cuanto a su experiencia de Dios, el otro y su visión del mundo futuro.

En conclusión, fue en el proceso de *tradicionar* la fe bajo nuevas condiciones geopolíticas, epistémicas e históricas lo que fue construyendo las vías para que el movimiento cristiano se convirtiera en cristiandad con las credenciales de religión oficial del Imperio romano. Una cosa unida a la otra, se fueron creando espacios de avance cristiano que posicionarían al cristianismo-cristiandad en el poder, privilegio y expansión global: el decaimiento del Imperio romano, la superposición de los líderes eclesiásticos en los espacio imperiales del Mediterráneo y Europa y luego el establecimiento de la nación estado bajo la nueva condición de un contra-Reforma Católica ante la inesperada irrupción de diversas Reformas (Protestante, Radical y Carismática).

La función del cristianismo como fuerza motora de expansión imperial (constantinismo), colonial (conquista europea) y moderna (Reforma protestante) es innegable debido a su *ethos* misionero. Sin, embargo en todo constantinismo ha habido un anti-constantinismo (cristianismo del desierto), en todo colonialismo ha habido un anti-colonialismo (LasCasismo), en toda modernidad ha habido una anti-modernidad (avivamientos/despertares, liberacionismo, misión integral). La historia esencialista del cristianismo comienza a ser problemática cuando se estudia en los contextos coloniales, intersticiales y transfronterizos. Lo que parece fácil se muestra complejo y lo que parece unitivo se muestra diverso y plural. Se requiere un método otro, un abordaje transoccidental.

En los próximos volúmenes emplearemos este dispositivo de matriz teológica transoccidental para des/reclasificar el contenido teológico cristiano (doctrinas, liturgias, estructuras, prácticas, etc.) recibido, elaborado y vivido por las comunidades del Sur Global Americano. Reafirmamos que tal ejercicio teológico contextual se da como consecuencia de una fe viva (Rm 1:17), que busca rastrear la actividad de Dios en medio de la vida (Hch 17:28), en comunidades con historias vivas (1 P 2:5) y que se atreve a creer en las nuevas creaciones del Espíritu de Dios en la realidad cósmica de Jesucristo (Rm 8:11) y cuya agenda no es otra que la de ver un mundo florecer en todas sus dimensiones y facetas (Ap 21).

Epistemología crítica. La transoccidentalidad funciona también como una epistemología crítica, esto es, un horizonte cognitivo donde los códigos de la identidad humana y ecológica se reorganizan al borde del régimen imperial/colonial/moderno/occidentalista para conformar el imaginario que conduce a la idea y experiencia de la Otra América, Trans-América, "Otro Mundo Es Posible". Dicho de otra manera, transoccidentalidad representa un espacio cognitivo, ontológico, geopolítico que busca la re-conceptualización del nuevo ser americano, de sus subjetividades y expresiones geopolíticas. Esta geografía del ser, saber, creer y actuar se alinea a lo que el semiólogo argentino, Walter Mignolo, sugiere como americanidad como una forma de habitar los "espacios borrados de la colonialidad".[114] Varios/as intelectuales latinoamericanos, a través de las edades, han intuido un horizonte emancipador, similar al que proponemos aquí, en sus esfuerzos por pensar acerca de un pueblo americano floreciente. Por ejemplo, José Martí y su idea de "Nuestra América", Fernández Retamar y su idea de posoccidentalismo, Yamandú Acosta y su idea de nuestramericanidad, José David Saldívar y su idea de transamericanidad, etc., son conceptos seminales para nuestra propuesta transoccidental.

En especial la teoría cultural de la transmodernidad, del filósofo, historiador y teólogo Enrique Dussel, es de vital importancia para nuestro concepto de transoccidentalidad. Citamos a continuación un párrafo denso, pero importante al respecto:

> *el concepto estricto de "trans-moderno" quiere indicar esa radical novedad que significa la irrupción, como desde la Nada, desde [la] Exterioridad alterativa de lo siempre Distinto, de culturas universales en proceso de desarrollo, que asumen los desafíos de la Modernidad, y aún de la Post-modernidad europeonorteamericana, pero que responden desde otro lugar, other Location. Desde el lugar de sus propias experiencias culturales, distinta a la europeo-norteamericana, y por ello con capacidad de responder con soluciones absolutamente imposibles para una sola cultura moderna. Una futura cultura trans-moderna, que asume los momentos positivos de la Modernidad (pero evaluados con criterios*

---

[114] Mignolo, *Idea of Latin America* (Malden, MA: Blackbell, 2005), p. 48.

distintos desde otras culturas milenarias), tendrá una pluriversidad
rica y será fruto de un auténtico diálogo intercultural, que debe
tomar claramente en cuenta las asimetrías existentes (no es lo
mismo ser un "centro-imperial" a ser parte del "coro-central"
semiperiférico —como Europa hoy, y más desde la Guerra de Irak
en 2003- , que mundo post-colonial y periférico). Pero, un mundo
post-colonial y periférico como la India, en una asimetría abismal
con respecto al centro-metropolitano de la época colonial, no por
ello deja de ser un núcleo creativo de renovación de una cultura
milenaria y decisivamente distinta a todas las otras, con capacidad
de proponer respuestas novedosas y necesarias a los angustiosos
desafíos que nos lanza el Planeta en el inicio del siglo XXI.[115]

La teoría cultural transmoderna de Enrique Dussel es una de las contribuciones latinoamericanas (universales) más prometedoras de nuestra época. No podríamos agotar sus posibilidades en un escrito como este, pero sí podemos mostrar su relevancia cognitiva, teológica, cultural y geopolítica para nuestra visión cristiana. En primer lugar, transmodernidad nos ayuda a ser realistas no meramente idealistas. Esto es, debido a cómo se ha venido diseñando las Américas, nuestra identidad americana (americanidad) no se puede experimentar completamente afuera del núcleo imperial/colonial/moderno/occidental de nuestro contexto. Por ello una posoccidentalidad absoluta es un proyecto ilusorio.

José Martí, por ejemplo, entendía con claridad el hecho que la imperialidad occidental y sus grandes destrozos y escasos beneficios hace parte ineludible de nuestra identidad continental. La pregunta es, ¿con qué actitud asumimos esta realidad histórica y existencial: servil o autónoma? ¿Cómo la posicionamos en nuestras visiones de mundo de manera que no nos apoque por medio de la subyugación del ser y saber y actuar, sino más bien nos empuje y emancipe por medio de la reimaginación epistémica y geopolítica? Ya en 1877, desde Guatemala, Martí comienza a articular sus ideas acerca de los "Nuevos Códigos", denotando una nueva política universal de las repúblicas americanas y una nueva doctrina cultural del continente donde no solo las razas

---

[115] Enrique Dussel, "Transmodernidad e Interculturalidad," enriquedussel.com, 18, accessed December 23, 2020, https://enriquedussel.com/txt/Textos_Articulos/347. 2004_espa.pdf.

y clases inferiorizadas fueran emancipadas en la política y la cultura sino también la mujer latinoamericana como sujeto independiente en la nueva América:

> *¿Cuál es el primero de los lastres coloniales de la legislación depuesta que menciona? El poder omnímodo del señor bestial sobre la esposa venerable. Da la patria potestad a la mujer, la capacita para atestiguar y, obligándola a la observancia de la ley, completa su persona jurídica. ¿La que nos enseña la ley del cielo, no es capaz de conocer la de la tierra?*[116]

Para 1885, la idea de "nuestra América" ha ido madurando en los "Nuevos Códigos". Un párrafo nos muestra la madurez cultural, política y espiritual del poeta y apóstol de la liberación cubana:

> *Toda obra nuestra, de nuestra América robusta, tendrá, pues, inevitablemente el sello de la civilización conquistadora; pero la mejorará, adelantará y asombrará con lu energía y creador empuje de un pueblo en esencia distinto, superior en nobles ambiciones, y si herido, no muerto. ¡Ya revive!*[117]

En conclusión, nuestra americanidad no puede representar una existencia histórica que niegue la huella imperial/colonial/moderna reinscrita por la modernidad colonial y sus instituciones actuales. Esta no es la *negación de la negación* a la que nos referimos. El "sello de la civilización conquistadora" en nosotros/as que nos "hiere a muerte" constituye, a mi juicio, la forma de ese cascarón occidental latinoamericano en donde vivimos. Pero *a la Martí-Dussel* esto no implica que no podamos descrearnos y re-imaginarnos por medio de otro horizonte del ser, saber, creer, actuar. Somos seres "robustos, con nobles ambiciones" y con una capacidad impresionante de supervivencia y regeneración "ya revive". Podemos añadir un nuevo plano de auto-origen, la conciencia colectiva de una existencia ambigua y múltiple como gente americana que no la

---

[116] "La Interesante Historia de Amor de la Niña de Guatemala", accessed December 23, 2020, https://forum.com.gt/posts/la-interesante-historia-de-amor-de-la-nina-de-guatemala.

[117] Martí, *Nuestra América*, p. 8.

determina solamente la experiencia occidental "si herida, no muerta" dándose así la posibilidad de una existencia fronteriza, imaginada desde la exterioridad de ese cascarón occidental (aunque no completamente afuera del mismo).

La transoccidentalidad, entendida como aplicación de la transmodernidad, propone vida en las fronteras de la imperialidad/colonialidad/occidentalismo como se ha vivido en el Sur Global Americano; vida en las líneas intermedias (fisuras y fracturas del imperio) donde los borrones coloniales son posibles por medio de la fe crítica pluricultural/intercultural y una política liberadora se entrelazan mestizo(a) lógicamente para gestar la concepción de una vida floreciente, Nuestra América, Trans-América, nuestro Nuevo Mundo, antes de y más allá del régimen imperial/colonial/occidental. En este sentido, la transoccidentalidad hace parte de una tradición imaginativa y neoamericanista que se arraiga en legados y aspiraciones ancestrales y contemporáneas: Guamán Poma de Ayala y su concepto de *Pachakuti* (el mundo colonial al revés), el concepto Nahuatl de *Nepantla* (vida liminal), el concepto de *Mañana* teológico de Justo González (cuestionamiento radical del hoy desde un tiempo radicalmente diferente),[118] el concepto de existencia transfronteriza de Gloria Anzaldúa (borderlandess), etc.

Gramática y sintaxis de la teología y las misiones del Nuevo Mundo. Toda teología es en su fondo una narrativa que parte de la experiencia, conocimientos adquiridos, personalidad, imaginación, compromisos sociales y agenda de su autor. El "éxodo" es la experiencia y narrativa teológica de Moisés; el camino de Damasco es la experiencia y narrativa teológica del apóstol Pablo; el exilio romano en Patmos es la experiencia y narrativa del anciano Juan que escribe el libro de Apocalipsis. Lo que se ha diseminado como teología cristiana "universal" y "objetiva" en Occidente y sus conexiones mundiales es una propaganda intelectual escolástica, en el caso de la teología sistemática, que surge del siglo XVII, XVIII, XIX y llega a convertirse en un campo disciplinario con tradiciones del conocimiento, instituciones patrocinadoras (denominaciones, universidades o seminarios, congresos, becas de investigación, etc.) y se propaga concretamente por medio de conceptos,

---

[118] Véase Justo L. González, *Teología liberadora: Enfoque desde la opresión en una tierra extraña* (Ediciones Kairós, 2006), p. 273.

libros, artículos, paradigmas, artefactos culturales, etc., producidos por los gremios especializados cuyos miembros poseen un *curriculum vitae* intimidador. Pero al fin de cuentas, en su fondo, toda teología se arraiga en narrativas que son significativas para sus autores, sus gremios y su audiencia. Hoy en día, el cuestionamiento mundial de las genealogías del conocimiento histórico, antropológico, teológico y filosófico ha generado una crisis para quienes por décadas han enmascarado sus narrativas usando lenguajes abstractos, analíticos y con la apariencia de universalidad. Y dentro de Occidente también han surgido tradiciones críticas de dicha universalidad del conocimiento. Los primeros se arraigan en la narrativa objetivista de la modernidad occidental que surge de la Ilustración. El segundo grupo se arraiga en una narrativa subjetivista de la modernidad occidental tardía que surge del posestructuralismo y posmodernismo (siglo XX). Ambas tradiciones han colapsado en la vida continental latinoamericana y de la diáspora latina mundial y sus comunidades religiosas.

A partir de los 1970s informadas por las contribuciones críticas del mismo Occidente y el mundo mayoritario (*nouvelle théólogie,* teología latinoamericana de la Liberación, teología política alemana, teoría crítica caribeña de raza, etc.) las tradiciones teológicas de las diásporas latinas, asiáticas, nativa americana y primeras naciones, africanas y medo orientales reaccionarán de forma particular (distinta al posmodernismo/posestructuralismo) a las transformaciones globales y la lucha interna de los modernismos y posmodernismos occidentales. Una de las reacciones ha sido la enunciación del discurso teológico a partir de la ubicación social: las teologías etno-culturales-de género-raza tales como las teologías latinas, afroamericanas-y-negras, asiáticas-americanas, nativa americana y primeras naciones, feministas, mujeristas, LGBTQA+, etc. Otra reacción ha sido enunciar el discurso teológico asumiendo la crítica poscolonial del poder, la identidad, el conocimiento y los artefactos culturales (rituales, textos sagrados, arte y literatura, film, etc.). Como una tradición crítica mundial más reciente (1990s) y de arraigo latinoamericano/latino(a)unidense, surge la descolonialidad como una variante crítica del poscolonialismo, la cual está actualmente impactando múltiples campos disciplinarios, incluyendo la teología. Nuestra propuesta transoccidental camina con la opción descolonial haciendo tres cosas: la crítica a razón de su deficiencia teológica, recibe sus aportes críticos y busca retroalimentarla epistémicamente. Como ya lo hemos dicho de diferentes formas, cualquier re-concepción continental requiere un proceso teológico descolonizador no el *teologicidio* (la extirpación de la teología como se pretendió en el secularismo europeo de izquierda).

Este abreviado recuento de las trayectorias teológicas contemporáneas es importante porque cada tradición teología ha creado su propio lenguaje y cada lenguaje posee gramática y sintaxis, o sea, *las condiciones teóricas sobre las cuales una versión coherente del mundo puede ser propuesta.* A continuación, enuncio cuatro momentos metodológicos que proponen una gramática y sintaxis teológica con el potencial de re-teologizar el Sur Global Americano y sus multitudinarias gentes, tierras y territorios, experiencias, saberes, tradiciones, pasiones y ambiciones. Esta metodología orientará el proceso teológico en los próximos volúmenes.

1. *Mestizo(a)logía como razón transoccidental.* Este momento es una *inteligencia latina* que busca gestar las condiciones culturales para recobrar y re-valorar las subjetividades del Sur Global Americano. Busca una *re-forma cultural* teórica y práctica a base de un proceso teológico en el cual *todas las culturas caben.* Para ello el proceso teológico:

   a. Nos ayudará a crear un sistema de re-valorización de los múltiples orígenes e identidades culturales y ecológicas correspondientes a las gentes, biodiversidades y tierras del Sur Global Americano.

   b. Nos ayudará a experimentar con diversas formas de diálogo crítico equitativo con diferentes ecosistemas del conocimiento ancestral y contemporáneo.

   c. Nos ayudará a ubicarnos en un marco ético de sostenimiento planetario que interrogue, oriente y trascienda la ética de producción (obreros) y la ética de ganancia (empresarios).

   d. Nos ayudará a desprendernos de los circuitos teológicos, ministeriales, misionales y económicos del denominacionalismo euroamericano atrapado en el núcleo colonial/moderno/occidentalista.

2. *Narratología Que Tradiciona.* Este momento busca gestar las condiciones epistémicas para recobrar los saberes perdidos, sacar a luz los saberes escondidos e imaginar los saberes potenciales.

Busca una *re-forma educativa* que parte de la ignorancia *docta*, no desperdicia conocimientos, fertilizando la imaginación y la educación en conjunto. Afirmando que *todos los saberes y conocimientos valen,* el proceso teológico:

a. Nos ayudará a recobrar y des-encubrir los saberes ancestrales en los espacios ambiguos de las traducciones de textos occidentales a los lenguajes indígenas, de saberes orales que habitan en los archivos vivos de sus descendientes y sus memorias ancestrales y rituales religiosos (síntesis teológicas) donde encontramos varios mundos simbólicos coexistiendo.

b. Nos ayudará a re-leer los textos bíblicos desde nuestros espacios cotidianos y públicos.

c. Nos ayudará a comenzar el proceso teológico desde la práctica del conocimiento, culminando con el conocimiento práctico.

d. Nos ayudará a valorar y usar nuestra imaginación temporal, espacial, sensual, racional, relacional, profética en la tarea de trazar las líneas de los nuevos conocimientos en un proceso crítico disciplinado, o sea, un proceso que *tradiciona* nuestra fe.

3. *Geografía de la fe transnacional.* Este momento busca gestar las condiciones cartográficas para registrar los mapas de *Nuestra Fe*, en lugar de replicar los mapas de la fe occidental en las Américas. Busca una *re-forma religiosa* y *geopolítica* donde *todas las tierras valen* y sus gentes les pertenecen. El proceso teológico:

a. Nos ayudará a revalorar la tierra, Madre Tierra y Pachamama y descubrir una teología de pacto Madre Tierra-Espíritu.

b. Nos ayudará a actualizar los mapas de nuestra fe más allá del denominacionalismo evangélico, catolicismo oficial y espiritualidad tradicional.

c. Nos ayudará a caminar con los caminantes de la fe, transnacional/*outer-nacional*, trazando vías de la fe en vez de espacios fijos (templos, santuarios, coliseos, carpas, etc.).

d. Nos ayudará a discernir los espacios de revelación divina en los viajes, paradas, tragedias, victorias y luchas de los migrantes que se mueven de lugar a lugar en busca del bien vivir en Dios.

e. Nos ayudará a re-leer la Biblia y la historia desde su reverso, esto es, desde un pueblo-en-movimiento (Pentecostés) según Hechos 2, en contraste a un pueblo como establecimiento "settler's hermeneutic" (Babel) según Gn 11.

4. *Eclesiogénesis transfronterizo.* Este momento busca gestar las condiciones teológicas para una eclesiogénesis descolonial que des/reclasifique los códigos coloniales/modernos de la iglesia real en su mundo. Busca una *re-forma del espacio público* de la institución moderna, estatal y eclesial, donde *todo espacio público es sagrado y todo espacio sagrado es público.* En base a un renacimiento eclesial de base, este momento busca reconfigurar la vida social, el establecimiento, el espacio público como se ha diseñado en Occidente moderno y sus conexiones mundiales. Para ello el proceso teológico:

a. Nos ayudará a trazar la actividad del Espíritu de Dios "fuera del templo" desde el Libro de Los Hechos hasta nuestros días,

b. Nos ayudará a entender que el cristianismo no es una fe occidental: no se originó en Occidente ni madurará en el Occidente, pues el Occidente es solo una vía importante por donde se registra la actividad de Dios y uno de los desarrollos del cristianismo mundial.

c. Nos ayudará a entender la diferencia entre el cristianismo *monocultural*, arraigado en el Patrón Colonial del Poder, del cristianismo intercultural, arraigado en la matriz teológica transoccidental. El primero funciona *babélicamente* (Gn 11) basado en una visión de vida privilegiada y poderosa al estilo: monólogo, monolingüismo, monopolio, *monotopía* configurado en jerarquías fundamentalistas (patriarcado, capitalismo depredador, nacionalismo religioso). El segundo funciona *pentecostesmente* (Hch 2) basado en una visión de reino de Dios desde abajo, afuera, de entre-grietas al estilo: diálogo, multilingüismo/políglota, pluriversal, *teotopía*, no-patriarcal y de sostenimiento planetario bio-regional.

Este marco metodológico que acabo de esbozar, a primera vista, puede parecer muy complejo, técnico, abstracto y engorroso. Pero yo quisiera desafiar esa impresión, si ese fuera el caso, con la pregunta, ¿cómo y desde dónde podemos cambiar nuestra manera de pensar, creer, sentir, hacer, relacionar, construir, soñar y soltar los hábitos que nos han mantenido atados por cinco siglos si seguimos arraigados a los mismos modelos mentales y conductas del sistema en que vivimos? Aquí es donde un pensamiento paulino bien entendido (Rm 12) puede sernos muy útil pues nos llama a una renovación mental y pública donde todos los aspectos de nuestro vivir humano (cuerpo, corazón, mente, emociones, conductas, relaciones, sueños y temores) son ofrecidos a Dios como sacrificio vivo, santo y agradable.

- La visión es un nuevo mundo que comienza dentro del mismo mundo.
- La táctica es la *no-conformidad* que interroga el *status quo*.
- La actitud es de una fe humilde que no se da por vencida.
- El medio es el cuerpo físico (personal y comunal) que constituido en *cuerpo de Cristo* habita todo espacio público para transmitir el mensaje de Lo Nuevo (Buenas Nuevas) en lo viejo (el mundo dominado por el imperio romano).
- La motivación y fuente de energía viene del Espíritu Dador de Vida, quien resucitó a Jesús de Nazaret de la tragedia del martirio imperial y está vivo y dando vida.

Preguntas sobre la práctica ministerial

1. ¿Cómo reescribiría sus declaraciones de misión y visión en base a la propuesta del método teológico transoccidental?

2. Si usted trabaja en base a una estrategia, ¿cómo plantearía dicha estrategia ministerial o de servicio cristiano?

3. ¿Qué fuentes teológicas y doctrinales serían las más relevantes para componer sus sermones, enseñanzas, talleres de capacitación y presentaciones de nuevos proyectos a sus diferentes audiencias?

4. ¿Qué aspectos de la estructuración actual de su organización deberían ser reformadas o descontinuadas? ¿Qué nuevas iniciativas deberían remplazarlas?

5. Si tuviera que ponerlo por escrito o hacer un corto vídeo al respecto, responda: ¿Cuál es su visión del Nuevo Mundo? ¿Cómo dicha visión perpetúa o descontinúa las prácticas dañinas de las ideologías extranjeras de derecha o izquierda y proponen así otro testimonio evangélico?

EPÍLOGO

— Acerca de la "nueva doctrina" de la teología del Nuevo Mundo —

Me congrego en una iglesia evangélica pastoreada por dos pastores ordenados mileniales: una latinaunidense nacida en California, de trasfondo salvadoreño, y un latinounidense nacido en Costa Rica, pero de familia peruana. A comienzos del año 2021, la pastora predicó sobre el pasaje de Marcos 1:21-28 siguiendo una serie de sermones que hacía una pregunta: "¿Por qué sigo a Jesús hoy?". El culto era virtual puesto que seguíamos las restricciones nacionales a razón de la pandemia mundial del Coronavirus.[119] Mientras cumplía con los principios propios de la homilética, que ella había desarrollado en su propia práctica pastoral y su formación teológica en el seminario, la audiencia iba contestando la pregunta en el "chat" de FaceBook/YouTube. La pastora nos iba guiando por los vericuetos del texto audazmente. Enfatizó tres momentos bíblicos: (1) cuando la audiencia en la sinagoga de Capernaum "se admiraban de su [Jesús] doctrina; porque enseñaba como quien tiene autoridad" (verso 22), (2) cuando un espíritu inmundo presente en la sinagoga "dio voces… y sacudiéndole [al hombre poseído] con violencia, y clamando a gran voz, salió de él" (versos 23, 25) y (3) cuando todos se

---

[119] Visite La Fuente Ministries, (17 de enero 2021), *Servicio de Adoración | Worship Service*, 2021, https://www.youtube.com/watch?v=clg5jLZJeEQ.

asombran en la sinagoga "de tal manera que discutían entre sí, diciendo: ¿qué es esto? ¿Qué nueva doctrina es esta…?" (verso 27).

Siendo parte de una generación milenial, de una población étnica minoritaria en el Norte, de un liderazgo minoritario en las iglesias evangélicas a razón de su género femenino, de un gremio reducido de pastores/as con un posgrado (maestría en divinidades) y con suficiente experiencia ministerial al frente de una innovadora iglesia bilingüe, la predicadora pudo hacer una interpretación del texto y una conexión usualmente dificilísima para líderes de Occidente que predican desde los espacios de privilegio racial y de género, poder sociopolítico y arrogancia cultural.

La predicadora pudo sacar a relucir una dimensión bíblica liberadora de Jesucristo que se encuentra en el texto, pero que no se logra ver ni sentir a menos que haya sensibilidades socio-históricas y conductos de lectura que buscan aprender del Dios encarnado en todos los espacios del mundo y disponible a todas las personas del mundo, antes de y más allá de nuestra imaginación bíblica occidental. La predicadora procede y hace una declaración: "el Jesús de la sinagoga de Capernaum está presente en nuestro tiempo y en nuestras comunidades para hacer el mismo tipo de obra que hizo 2 000 años atrás: liberar a los cautivos y derribar las barreras que nos deshumanizan". Así la predicadora nos llevó al sentir que el poder liberador de Jesús de Nazaret está en medio nuestro para romper las barreras que deshumanizan y reducen la condición humana a una caricatura. Esto se manifiesta, hoy en día, en el acto de sacar los espíritus "anti-vida" (inmundos) encarnados en las ideologías racistas, sexistas, xenofóbicas, de odio hacia el otro que conducen a muchos y muchas de nuestros vecinos y hermanos a obras de violencia racial, étnica, de género, etc.

Para entender la fuerza de las palabras de la predicadora, habría que recordar que, días antes de su sermón, el 6 de enero del 2021 para ser exactos, hubo una catástrofe civil cuando las masas incontrolables seguidoras del saliente presidente Donald Trump allanaron el edificio del capitolio del país, profanándose así el respeto y la soberanía nacional de aquel recinto "sagrado", junto con los venerados símbolos sagrados de la democracia norteamericana. El incidente resultó en la muerte de cinco seres humanos. La turba auto-identificada como de extrema derecha (alt-right), cuyas fuerzas motoras eran la ideología de supremacía blanca (KKK) y seguidores de la teoría de conspiración QAnon, junto con otros fieles al movimiento trumpista (de Donald Trump), proveyeron un espectáculo de terror anti-democrático que se vio en todo el mundo. Se hizo claro que el héroe mundial de la democracia civil, Estados Unidos de América, padecía del mismo mal que el resto de los países del "tercer mundo": el virus de la anti-democracia anarquista y el fascismo populista con raíces en la ideología de la supremacía blanca. ¿Pero qué tiene que ver esto con el Evangelio de Marcos y su mensaje?

Cuando escuchamos la voz del evangelista Marcos, habría también que recordar que el Evangelio de Marcos fue escrito muy posiblemente después del gran incendio de la ciudad imperial de Roma, tramado por el emperador Nerón quién acusó a los cristianos y los persiguió brutalmente (64 A.D.) como chivos expiatorios de su iniciativa imperial. Y en un par de años más tarde, surgirá la guerra entre Roma y los judíos (66-74 A.D.) y la destrucción del Templo judío en Jerusalén (70 A.D.). Sería iluso pensar que la comunidad cristiana que recibe el Evangelio de Marcos, bajo persecución romana, descartara estos hechos históricos y no escuchara las palabras de Jesús de Nazaret con un sentido de relevancia histórica. El Mesías, a fin de cuentas, era el defensor de los oprimidos y el verdadero (en contraste al César) salvador del mundo: "Señor Jesucristo nuestro salvador [Gr. soteros]" (Tito 1:4). La expulsión de los espíritus "anti-vida" (inmundos) fuera de los cuerpos físicos, comunidades y espacios de opresión en que vivían los creyentes judíos y gentiles convertidos al Camino de Jesús, era una señal de la presencia real del Reino de Dios en medio de ellos/as, a la vez que constituía una "Cristo-praxis": las enseñanzas actuadas (palpables y vivibles) de Jesús de Nazaret por la comunidad mesiánica del Espíritu.

La pastora nos fue llevando a través del texto y nuestro contexto hasta resumir en una oración puntual inspirada por el Rev. Dr. Martin Luther King Jr. El Dr. MLK (como se le abrevia cariñosamente) era primeramente un pastor evangélico bautista que se sintió obligado, por las circunstancias de opresión y brutalidad extrema en contra de las minorías de raza negra, a sacar su voz al foro público inaugurando una forma de activismo cristiano profético que causó múltiples transformaciones sociales y espirituales en los Estados Unidos y el mundo entero. La oración "Una Oración para la Iglesia" reza así:

Señor…damos gracias por tu iglesia,
fundada en tu Palabra,
que nos desafía a hacer más que cantar y orar,
para que vayamos y trabajemos
como si las respuestas a nuestras oraciones
dependieran de nosotros y no de Ti.
Ayúdanos a darnos cuenta que la humanidad fue creada
para brillar como las estrellas
y vivir por toda la eternidad.
Ayúdanos a caminar juntos,
a orar juntos,
a cantar juntos,
y vivir juntos,
hasta el día cuando todos los hijos/as de Dios
—negros, blancos, rojos,
cafés y amarillos—
se regocijen en un acorde de humanidad común
en el reinado de nuestro Señor y nuestro Dios,
oramos.

La predicadora nos recordó que esta oración está basada en el memorable discurso "I Have a Dream" (Yo Tengo un Sueño) por MLK, emitido en el Lincoln Memorial, frente a la Casa Blanca, Washington D.C., en la "Marcha para Trabajos y Libertad" de 1963. La historia del memorable discurso es importante.[120] MLK solo tenía cinco minutos para dar el discurso y deseaba dejar plasmado un mensaje memorial en su audiencia. En su manuscrito original MLK tenía como metáfora "un cheque sin fondos" (bad check), en alusión al contrato social que la nación estadounidense ha extendido a las minorías como capital democrático "sin fondos", especialmente a los afroamericanos. Por ello la porción más famosa, para nosotros/as hoy "yo tengo un sueño…", no hacía parte de dicho manuscrito. MLK cuenta que mientras iba culminando su discurso llegó a una sentencia en el manuscrito original que no le hacía sentido y en un momento de pausa escucho la voz insistente

---

[120] Véase Drew Hansen, "Opinion | Mahalia Jackson, and King's Improvisation (2013)," *The New York Times*, August 28, 2013, sec. Opinion, https://www.nytimes.com/2013/08/28/opinion/mahalia-jackson-and-kings-rhetorical-improvisation.html.

de su compañera, Mahalia Jackson (cantante de música Gospel), que le gritaba: ¡cuéntales del sueño, Martín! En ese momento MLK comienza a improvisar y ofrece un discurso improvisado de cierre conocido como "Yo Tengo un Sueño", el cual marcó la historia de los discursos estadounidenses por todas las edades. La predicadora se aseguró que nosotros conociéramos la historia completa de aquel discurso memorable y transformador, en especial la historia usualmente omitida de una mujer y compañera de MLK que fue vital en la actuación profética del heraldo del movimiento de los derechos humanos en aquel día de 1963.

La predicadora —una mujer, latina, milenial, pastora, teológicamente preparada y con criterio crítico— logró en esa predicación dominical darnos un sermón cuya relevancia nos impactó en muchos sentidos. Se cumplen aquí muchas de las condiciones teológicas que hemos intentado bosquejar en este escrito: una inteligencia latina que revaloriza la condición humana de las minorías, una narratología bíblica que *tradiciona* las verdades históricas omitidas por la interpretación normativa blanca y patriarcal, una fe transnacional que veta las idolologías de nacionalismo blanco denigran al otro usando narrativas patrióticas de tierra y territorio como extensión de su raza y una imaginación eclesial que reposiciona al pueblo de Dios, más allá de los templos, y los conduce por los espacios de reforma pública con tono profético.

Estamos ante un nuevo tiempo y mundo que requiere destrezas diferentes a las de tiempos pasados. Hoy no se perdonan las omisiones y media-verdades tanto como antes porque el público actual tiene al poderoso "google.com" a una tecla de distancia en su teléfono celular o su tableta digital. Pueden verificar y aun mejorar todas nuestras presentaciones y datos. Por ende, una práctica pastoral efectiva y pertinente hoy en día, como el caso en cuestión, requiere de visión amplia de la Palabra de Dios y de su poder encarnatorio en el pasado y en el presente, de un conocimiento saludable de sí misma y de su pueblo, de un criterio interpretativo y aplicativo transoccidental, en cuanto a la historia y la fe se refiere, y sobre todo de un sentido de misión generacional que se arraiga en la convicción de un Nuevo Mundo donde la nueva doctrina de Jesús de Nazaret es una fuente de vida para las personas, familias, comunidades, naciones y hemisferios.

Seamos conscientes o no, un Mundo Nuevo se está forjando desde el Sur Global Americano, oración a oración, sermón a sermón, manifestación a manifestación, revolución cultural a revolución cultural, pantalla a pantalla. Porque el Sur Global Americano ya está comenzando a creer en sí mismo, y está poco a poco aprendiendo a desaprender y a *des-crearse* de su pecado originador. Sus gentes se están auto-conociendo, auto-valorando, auto-liberando y auto-existiendo creyendo, junto a otras geografías de injusticia y opresión, que:

> *el entendimiento del mundo es mucho mayor que el entendimiento occidental del mundo… y que la transformación del mundo puede ocurrir de maneras no anticipadas por el Norte global. Somos animales y plantas, biodiversidad y agua, tierra y Pachamama, ancestros y generaciones futuras…*
> *Somos ese inmenso conjunto de creaciones y criaturas que ha sido sacrificado a la voracidad infinita del capitalismo, colonialismo y patriarcado.*[121]

Somos el Sur Global Americano, comunidades que comparten por cinco siglos subyugaciones comunes impuestas por el Patrón Colonial del Poder occidental. Y la forma de nuestra opresión y sacrificio constituye el contexto de la salvación liberadora y sanadora de Dios. Nuestras historias y contenido humano corresponden íntimamente a la forma evangélica de Jesucristo:

> *El Espíritu del Señor está sobre mí,*
> *por cuanto me ha ungido*
> *para anunciar buenas nuevas a los pobres.*
> *Me ha enviado a proclamar libertad a los cautivos*
> *y dar vista a los ciegos,*
> *a poner en libertad a los oprimidos,*
> *a pregonar el año del favor del Señor.*

(Lucas 4:18-19, NVI)

---

[121] Traducción personal. Boaventura de Sousa Santos, *Epistemologies of the South: Justice Against Epistemicide*, primera edición (Routledge, 2014), pp. 2, 3.

GLOSARIO

—Conceptos claves de la teología del Nuevo Mundo, Vol. 1—

Abya Yala: Nombre con el cual el pueblo Kuna, de Panamá, nombró al continente americano y ahora es compartido por la gran mayoría de pueblos indígenas del Sur y Mesoamérica.

Descolonial/descolonialidad: Es una teoría y praxis (mutuamente entrelazadas) de desvinculación de la dominación colonial, moderna y occidentalizante y sus discursos totalizantes y universales. Se arraiga en una analítica y praxis de desobediencia epistémica informada por la teoría del Patrón Colonial del Poder (Aníbal Quijano) y busca una nueva vincularidad y convivialidad por medio del resurgimiento y la re-existencia desde un pensamiento y experiencia de vida otra. Al hacerlo, la decolonialidad pone la vida y su relacionalidad e interconexión en el centro del pensar-hacer y hacer-pensar en los contextos del mundo dominados por la colonialidad global (Véase Mignolo and Walsh, *On Decoloniality*).

Diaspo-ricidio: Se refiere a una forma de exterminio o invalidación del valor simbólico y material del ser, saber, creer, sentir y hacer (por ejemplo en lo religioso o artístico) de las comunidades que viven en las diásporas de los países del "primer" mundo.

Distopía: No es lo contrario de la utopía, sino más bien una experiencia utópica vivida como colapso, monstrificación del sueño utópico y experiencia destructiva de las condiciones de justicia y acceso a la vida abundante para todos/as.

Eclesiogénesis: Este concepto, articulado teológicamente por Leonardo Boff, registra el surgimiento de otro sistema eclesial que se sitúa fuera y, en muchos casos, en contra de la experiencia eclesial predominante de la iglesia de la cristiandad, particularmente en las tradiciones católicas romanas de América Latina. Invocando los principios de la teología de la liberación, en sus primeras etapas, la eclesiogénesis constituye una idea eclesial generadora (germen) de la primera generación de liberacionistas latinoamericanos que aún no ha sido plenamente realizada y desarrollada. Fue (todavía es) provocadora en tanto buscaba intelectualizar el imaginario eclesial de segmentos de creyentes políticamente conscientes y comprometidos con "otro tipo de iglesia": la de las masas empobrecidas cuyas condiciones históricas exigían la articulación de otra eclesiología. En la idea de eclesiogénesis se concibió la subversión de la iglesia comunitaria de base como una acción centrífuga que se aleja del centro de la cristiandad.

Eco-feminismo: Como pensamiento y movimiento social liberacionista se refiere a la conexión ideológica entre la explotación de la naturaleza y la explotación de las mujeres dentro del sistema jerárquico-patriarcal. Es considerado como una sabiduría que intenta recuperar el ecosistema y las mujeres ante la dominación del patriarcado (matricida) y el capitalismo global (ecocida).

Episteme/epistémico/epistemología/epistemologías: Epistemología se origina en la palabra griega "conocimiento" y se refiere al estudio de por qué o cómo llegamos a saber lo que sabemos. Este conjunto de términos tiene una gran importancia para este volumen y la colección Teología del Nuevo Mundo ya que estos volúmenes buscan interrogar, ubicar y re-evaluar los archivos de los conocimientos occidentales tanto como los saberes nacidos de los pueblos originarios y sus descendencias. Ya que Dios es entendido como un ser omnipresente, su actividad se registra en todas las ecologías del conocimiento mundial en todos los tiempos y lugares. Epistemologías (en plural) reconoce las distintas teorías del conocimiento mundial procedentes y producidas por múltiples tradiciones de saberes y conocimiento científico; tanto del Occidente como del Sur Global;

de los establecimientos reconocidos como centros del conocimiento (escuela, universidad, museo, conservatorio, etc.) como otros ecosistemas del conocimiento como los foros sociales que funcionan como fuentes del conocimiento de los oprimidos o comunidades ancestrales que funcionan como "archivos vivientes" de los saberes ancestrales y centros de resistencia cultural y religiosa.

Euro-trascendencia: Se refiere al esfuerzo epistémico, ontológico y praxiológico de un pueblo que ha sido colonizado por un poder europeo a ejercer su derecho de autonomía del pensamiento, sentimiento y acciones más allá de toda expectativa o regulación de la cultura europea.

Glocal: Originalmente este concepto nace en el mundo de los negocios transnacionales a fin de mostrar la capacidad de una empresa extranjera para adaptarse e incorporarse a la cultura local y sus necesidades de consumo. En nuestra colección, lo glocal es un concepto teológico que se asemeja al uso del termino "católico o universal" del cristianismo temprano, lo cual denotaba cómo expresiones locales de la fe cristiana (Siria, Palestina, Nordáfrica, etc.) negociaban sus entendimientos y prácticas por medio de concilios regionales y otros rituales comunales de conciliación clerical a fin de lograr consensos doctrinales y ministeriales de la fe entre varios sectores cristianos. Lo glocal, visto misionalmente, entonces expresa la identidad cristiana de *arraigo en desarraigo*, esto es, la identidad concreta de comunidades de fe que por su naturaleza transfronteriza sus identidades y prácticas religiosas mantienen la ambigüedad transnacional de lo local y global. Por ejemplo, comunidades constituidas por etnias latinoamericanas, aunque vivan en España, Suiza, Estados Unidos o Japón, mantienen un nivel de cultura de origen (latinoamericana) y cultura local (española, estadounidense, etc.). Esto no es algo nuevo debido a la naturaleza peregrina del cristianismo mediterráneo, pero hoy en día los niveles de asimilación cultural y religiosa son resistidos más frontalmente por diferentes culturas que buscan mantener una polivalencia en sus identidades religiosas.

Herida colonial: Se refiere a una forma de internalización colonial a razón del "hecho de que regiones y personas de diferentes partes del mundo han sido clasificadas como subdesarrolladas económica y mentalmente" (Walter Mignolo). La herida colonial o cualquier tipo similar de trauma no se refiere simplemente al daño evidente infligido por poderes hegemónicos sobre los pueblos oprimidos, sino que también incluye la continua internalización y reproducción de las narrativas deshumanizantes de esas poblaciones por medio de sistemas de vida y estructuras vigentes que naturalizan tal condición.

Heterodoxo: En nuestra colección este concepto no se reduce a "apartarse" de la tradición sino a "discrepar" con el tono totalitario de una dada doctrina fundamental. Lo heterodoxo puede interpretarse como "otra ortodoxia" que no necesariamente se opone a la primera, pero le provee alternativamente otros aspectos del conocimiento y práctica no contemplados por la primera forma ortodoxa por su arraigo local y el uso dañino dado por hermenéuticas y estructuras coloniales. Dicho esto, no todo lo heterodoxo es "otra ortodoxia" puesto que para serlo se debe probar cierta vincularidad epistémica con la primera a la vez que se prueba su diferencia epistémica contextual.

Ignorancia docta: Se puede entender como el conocimiento de la propia ignorancia (saber lo que no sabemos) mientras estamos abiertos a aprender de otras formas de conocimiento en el proceso de generar teorías y propuestas. Esto se refiere a la humildad epistémica necesaria para establecer una teoría, entablar una conversación entre distintos saberes y ciencias y lograr la traducción intercultural apropiada entre la teología y otras formas de conocimiento (véase Bonaventura de Sousa Santos, *Epistemologías del Sur*). Su uso original pertenece al teólogo y filósofo alemán Nicolás de Cusa (1401-1467).

Latino/a/x/e: Es una forma de auto-identificación (intra/intercultural) de una persona de origen o descendencia latinoamericana. En varios espacios académicos, Latinx y Latine se usan como significantes que neutralizan el lenguaje binario de género y subrayan el énfasis dado por nuevas generaciones de pensadoras en cuanto a la diversidad, inclusión y fluidez de las identidades. Estas variaciones se utilizarán intercambiablemente e indistintamente en la colección para enfatizas la polivalencia de los conceptos.

Mestizo(a)logía: Funciona como una racionalidad rizomática que busca dar estructura a la transoccidentalidad. Dicha razón Transoccidental funciona desclasificando/reclasificando conceptos que han formado las identidades y prácticas de vida de las comunidades del Sur Global Americano. Por ello, mestizo(a)logia como razón transoccidental no ofrece un desplazamiento fácil de delinear, no es rectilíneo ni sistemático, sino que transita nomádicamente y es rizomático, acompañando a las comunidades subyugadas del Sur Global, con el fin de darle sentido a sus procesos de resistencia y re-existencia —liberadores, dignificantes y renovadores.

Mimesis occidental: La internalización occidental por parte de personas o comunidades no euroamericanas, a través de la réplica o imitación inconsciente de las formas de pensamiento y vida occidental por la cual se busca emitir la imagen de lo original, pero siempre sale una copia.

Modernidad colonial: Es un concepto descolonial que argumenta que la lógica colonial (diferentes tipos de colonialidades) es desde el principio una parte constitutiva (el lado oculto) de la modernidad occidental y ha evolucionado con ella en formas sofisticadas. En otras palabras, aunque en casos como América Latina, el Caribe, el Sudeste Asiático y África el colonialismo histórico ha sido superado a través de la independencia política, una lógica colonial oculta y que nutre la modernidad como se expresa en dichas localidades continúa configurando el espacio global, el tiempo, la materia, la imaginación y desempeño humano dentro de Occidente y sus relaciones neocoloniales globales.

Monroísmo (doctrina monroísta, véase panamericanismo): Se refiere a una ideología estadounidense que declara que ninguna potencia europea tiene derecho a intervenir en los asuntos internos de América Latina y no es admisible que una nueva colonia europea sea fundada en esta parte del mundo. Si un país europeo se interfiere en la región latinoamericana será considerada por el gobierno de los Estados Unidos como un acto hostil.

Teología narrativa: Movimiento teológico que propone que la fe debería centrarse en una lectura narrativa de la Biblia y por ende en un discurso narrativo contextual más que en el desarrollo de un conjunto de dogmas o conceptos abstractos arraigados en la racionalidad ilustrada del siglo XIX.

Neoliberalismo: Según L. Boff y Manfredo de Oliveira, el proyecto liberal consiste en la ejecución radical del "liberalismo económico" (escuela Austriaca y de Chicago) donde la tesis elemental es "el derecho de propiedad es el único derecho universal, fundamental y absoluto que comienza con el derecho absoluto del propio cuerpo (del individuo) y todos los bienes que se pueden adquirir". Aquí se desprenden ciertas implicaciones: (1) la seguridad de la propiedad sobre todo de las personas y naturaleza es secundaria; (2) el "Estado" debe ser transformado en un aliado del "mercado" antes que y más allá de un servidor de la sociedad (Estado de derecho del capital más que Estado de derecho social); (3) el mercado es un mecanismo "auto-organizador" y su evaluación es la "eficacia" no la "regulación" ética (se corrige así mismo, la "mano invisible"); (4) no hay derechos superiores al derecho del mercado y por ende (i) la pobreza es "incompetencia para ganar y producir", (ii) la exclusión e injusticia económica no son asuntos éticos sino el resultado de haber perdido en la competencia en el mercado; (5) el nuevo modelo de la sociedad neoliberal es "maximizar el lucro del capital" lo cual debilita la condición de derechos humanos e impulsa la "desregulación" de los mercados de trabajo que aumentan las riquezas para los más ricos (competentes).

Neo-ortodoxia: Un movimiento religioso que empezó después de la primera guerra mundial y es una reacción contra las ideas del protestantismo liberal.

Noroccidental: Perteneciente o situado al noroeste.

Nuestramericana: La búsqueda de "lo propio", de esa Otra América, en términos de identidad, cultura, pensamiento y autonomía política. Se deriva del memorable ensayo "Nuestra América" (1891) por el filósofo, poeta y revolucionario cubano José Martí.

Nuevo Mundo: Un lente hermenéutico que re-significa la doctrina europea del descubrimiento por medio de tres reinterpretaciones simultáneas: (1) El uso de "Nuevo Mundo" como la descripción del acto de creación colonial europea, por la cual se desintegra la vida de los pueblos y tierras originarias del Abya Yala. Aquí el nombre "Nuevo Mundo" es derogativo y etnocida. (2) El uso de "nuevo mundo" como la narración de la historia de resistencia indigenista y criolla, la cual busca sobrevivir al embate de la colonialidad moderna por medio de creaciones propias y síntesis culturales y religiosas que se dan dentro y fuera de los espacios coloniales del ser, saber, sentir, creer, actuar. Aquí el nombre "nuevo mundo" es contestatario e imaginativo. (3) El uso de "nuevo mundo" como un dispositivo epistémico que reconoce el surgimiento de un nuevo espacio mundializado (no solo occidentalizado) cuya crisis epistémica, ecológica, económica, migratoria, pandémica y política pone en crisis la modernidad colonial y sus estructuras de poder abriendo un nuevo horizonte de resistencia y re-existencia cultural y religiosa desde las fronteras, fisuras y fracturas de las estructuras dominantes del sistema mundo actual (capitalista, patriarcal, colonial, occidentalizada y materialista).

Panamericanismo: Se puede definir como un principio político para promover la cooperación e incluso la unidad entre todos los países de América para combatir la influencia externa (Europa). Sin embargo, dicho principio históricamente ha tenido por lo menos dos vías contrarias. La vía de la ideología bolivariana (Simón Bolívar, 1783-1830) y la vía de la doctrina monroísta (James Monroe, 1758-1831). La primera buscó la unidad y solidaridad mientras se negociaba la interdependencia regional (Sur América, Centro América, Norte América, el Caribe). La segunda buscó la unidad y colaboración a partir de la diferencia hegemónica racial, política y económica (América Latina y USA).

Paradigma descolonial: Una perspectiva dentro del pensamiento crítico del Sur Global Americano que le da un giro a la conversación de las teorías coloniales y de la modernidad. Sostiene que la modernidad no es un fenómeno que surge autónomamente de una Europa emancipada hacia el resto del mundo, sino que se produce dialécticamente por medio de sus relaciones coloniales con América Latina, África, Asia y el medio oriente, siendo la colonialidad (tierra, gente y territorio) la parte invisible de la modernidad europea. No existe Europa, tal cual la conocemos hoy, sin la Conquista americana, las colonias en el Sur Global, la esclavitud de africanos y la caricaturización del sujeto no-occidental como bárbaro, pre-moderno, civilizable, etc.

Paradigma liberacionista: Articulación profética de la teología araigada en las masas empobrecidas y sufrientes del Sur Global, cuya subyugación económica, política, social se declara como injusticia y pecado capital del sistema-mundo hegemónico. Es en el sufrimiento y victimización de las masas por efectos de los sistemas globales de empobrecimiento e invisibilización humana, donde se ubica la liberación como actividad divina. Dios está actuando en medio de los/as empobrecidos/as. No es solo la segunda venida lo que es importante, pero que Jesús vino y camina con nosotros.

Paradigma modernista: Argumenta que la negación de Dios en la modernidad no es el resultado de la autonomía epistémica entre la ciencia y la teología per se, sino de la incongruencia de la institución eclesiástica para con la ciencia. Propone como solución la traducción urgente del lenguaje dogmático de la teología al lenguaje de la modernidad.

Paradigma pluralista: Es una posición no-conversionista con respecto a la fe. Hay una fe pensada, pero no hay la agenda de conversión cultural ni epistémica hacia una dada perspectiva bíblica. Se reconceptualiza el cristianismo y las otras religiones como opciones validas del florecimiento espiritual humano. Y se busca la unidad en la diversidad basada en el bien común (amor, justicia, solidaridad, etc.).

Pensamiento rizomático: Basado en el trabajo de los pensadores franceses Deleuze y Guatarri, el pensamiento rizomático se utiliza en esta colección como alternativa al pensamiento sistemático (teología sistemática, por ejemplo). La metáfora se aplica al caso de múltiples espacios donde surgen diferentes conocimientos y prácticas de vida cultural y religiosa sin tener un tronco común, sino varios. Sin embargo, están todos entrelazados y por ende se puede hablar de un organismo complejo con cierta coherencia. Por ejemplo, No podríamos hablar de una teología latinoamericana con un solo tronco (misiones católicas, protestantes, pentecostales, etc.) del cual surgen todas las ramas. Más bien, necesitaríamos hablar de muchos troncos con muchas raíces esparcidas y a la vez entrelazadas. ¿Cómo entender y analizar la actividad que surge en todos estos diferentes ecosistemas? El pensamiento rizomático propone métodos igualmente complejos y dinámicos para analizar estos sistemas de valores, experiencias y contribuciones. Por ende, el pensamiento rizomático es un sistema, metodológicamente hablando, pero no gobernado por un centro y una ruta fija sino que es un sistema de constante reposicionamiento epistémico que intersecta los múltiples troncos del rizoma, los rastrea y los registra mostrando trayectorias, sin una agenda que busque conciliar los conocimientos heterogéneos que encuentra.

Pluriversal: Una visión nueva del mundo y del Nuevo Mundo que está compuesta de muchos mundos, cada uno con su propia base ontológica y epistémica. Se desprende del dictamen zapatista "un mundo donde quepan muchos mundos".

Praxiológica/praxis: La investigación sociológica que estudia la metodología de análisis de las acciones y su eficiencia. Praxis se refiere a más que solo la teoría, pero es como la teoría es promulgada, encarnada y practicada. Es la acción.

Síntesis teológica: Se refiere a la resignificación de lo que antropólogos y misiólogos modernos han llamado "sincretismo religioso". En nuestra colección estudiamos con cuidado la manera cómo la recepción de la doctrina y experiencia cristiana occidental fue procesada y transformada por los pueblos originarios y las estructuras criollas de las Américas, llegando a la conclusión que lo que se da son síntesis teológicas originales parecidas a las que se dieron en la época temprana del cristianismo pre-canónico, no la desviación o malformación de las doctrinas. Las teorías occidentales del sincretismo padecen de carencia conceptual caricaturizando las experiencias y producciones religiosas por medio de conceptos como "cristo-paganismo".

Sur Global Americano: Se usa pan-étnicamente para describir las muchas identidades y comunidades conectadas continentalmente a las Américas y sobre todo al concepto de José Martí, "Nuestra América" (véase p. 31). El "Sur" contrarresta el sobre énfasis geopolítico del "norte" mítico y dominante. El "Global" contrarresta la idea ingenua y opresora de que la gente latinoamericana vive aún en una condición de cultura agraria, pre-moderna, provincial y localista geopolíticamente hablando. "Americano" reclama la geografía de la razón y del ser latino(a)mericano(a): tierras, memorias, culturas, experimentos, tradiciones culturales y religiosas que reclaman un continente interconectado y no pueden ser olvidados ni borrados por una narrativa nacional dominante *el país americano*.

Teología de conjunto: Un compromiso metodológico de las teologías de la diáspora latina basada en la experiencia de opresión compartida y la colaboración comunitaria en el quehacer teológico.

Teoría poscolonial: El concepto "poscolonial" tiene el propósito de marcar la disrupción y el rechazo teóricos previstos del régimen colonial y sus ramificaciones retóricas en todos los aspectos de experimentar, conocer, actuar e imaginar la vida humana, el contrato social y nuestra relación con el cosmos. Por otro lado, la enunciación de esta disrupción toma diferentes formas dependiendo de la geopolítica del conocimiento evocada por historias comunales particulares que comparten subyugaciones coloniales-modernas-imperiales comunes. Por ejemplo, los estudios poscoloniales se centraron inicialmente en la relación del imperio, la cultura y la literatura en el contexto del colonialismo británico. Pero muy pronto, matizó su enfoque hacia otras formas de colonialidad, imperialidad y subalternidad, todas las cuales se relacionaban con múltiples formas de modernidades y tematizaciones en todo el mundo.

Transamericanidad: Una visión teológica y liberadora de las tierras y gentes del Abya Yala. Informada por la teología del Nuevo Mundo, la interpretación bíblica y la decolonialidad, Transamericanidad ofrece una nueva transformación epistémica que descubre la dignidad de las tierras y los pueblos de las Américas de una manera que hace posible el dicho zapatista: "un mundo donde quepan muchos mundos".

Transoccidentalidad: El horizonte epistémico imaginado desde nuestra propia realidad histórica nuestramericana (José Martí) como un espacio del ser, saber, creer, sentir y hacer, y funciona como vientre del ser comunitario, descolonizado y sanado de la herida colonial al redescubrirse en los saberes teológicos ancestrales y bíblicos.

Utopía: Concepto acuñado por el escritor británico Tomás More en su novela del siglo XVI, Utopía ("lugar inexistente"), puede describirse como un ideal de la vida social bajo una condición de perfección en cuanto a la experiencia humana de la ley, formas de gobierno y condiciones de vida. Por algunos la utopía se usa despectivamente para descalificar una visión presentada como futuro posible por ser ingenua e inalcanzable. Por otros, sin embargo, usan el concepto como dispositivo de concientización para desafiar el *status quo*, y provocar la idealización de otra realidad más allá de las realidades opresoras y victimizantes predominantes.

BIBLIOGRAFÍA

Acosta, J. (1894). *La Historia Natural y Moral de las Indias* por Gonzalo Fernández de Oviedo y Valdés. *https://archive.org/details/historianatural02acosrich.*

_____. (1590). *Historia Natural y Moral de las Indias.*

Althoff, A. (2019). "Right-Wing Populism and Evangelicalism in Guatemala: The Presidency of Jimmy Morales," *International Journal of Latin-American Religions* 3, no. 2 (2019): 294–324. https://doi.org/10.1007/s41603-019-00090-2.

Aquino, María Pilar y Elsa Támez. (1998). *Teología Feminista Latinoamericana.* Abya Yala Editing. Kindle Edition.

Balibar, Etienne e Immanuel Maurice Wallerstein, (1991). *Race, Nation, Class: Ambiguous Identities.* Verso.

Bantu, V.L. (2020). *A Multitude of All Peoples: Engaging Ancient Christianity's Global Identity.* IVP Academic.

Belnap, J.G. y Fernández, R.A. (1998). *Jose Marti's "Our America": From National to Hemispheric Cultural Studies*, New Americanists. Duke University Press.

Bitterli, U. (1982). *Los Salvajes y los Civilizados: El encuentro de Europa y Ultramar.* Fondo de cultura económica.

Bonino, J.M. (1975). *Doing Theology in a Revolutionary Situation*, Confrontation Books. Fortress Press.

_____ (1977). *Jesús: Ni Vencido ni Monarca Celestial.* Tierra Nueva.

_____ (1995). *Rostros del protestantismo latinoamericano.* Eerdmans.

Bullón, F. (2013). *El Pensamiento Social Protestante y el Debate Latinoamericano sobre el Desarrollo.* Libros Desafío.

Cairns, E.E. (1996). *Christianity through the Centuries: A History of the Christian Church*, 3rd ed. Zondervan.

Casalis, G. (1977). "Cristo y la Política: Ellacuría, I. Carácter Político de la Misión de Jesús" en *Jesús: Ni Vencido ni Monarca Celestial* editado por José Míguez Bonino. Tierra Nueva.

_____ (1977). "Jesús: Ni Vencido Ni Monarca Celestial," en *Jesús: Ni Vencido Ni Monarca Celestial*, ed. José Míguez Bonino. Tierra Nueva.

Castro-Gómez, S. y Mendieta, E. (1998). *Teorías sin disciplina: latinoamericanismo, poscolonialidad y globalización en debate*. Miguel Ángel Porrúa.

Cervantes-Ortiz, L. "Génesis de La Nueva Teología Protestante Latinoamericana (1949-1970)," presentación en II Simposio Internacional sobre la Historia del Protestantismo en América Latina, San Cristóbal de las Casas, Chiapas, 20 de octubre de 2004.

Colón, C. y Varela, C. (1986). *Los Cuatro Viajes: Testamento*. Alianza Editorial. *ros Del Protestantismo Latinoamericano*. Nueva Creación.

Costas, O.E. (1976). *Theology of the Crossroads in Contemporary Latin America: Missiology in Mainline Protestantism, 1969-1974*. Rodopi.

Dussel, E. (1998). "Historia del Fenómeno Religioso en América Latina," en *Religiosidad e Historiografía: La Irrupción del Pluralismo Religioso en América Latina y su Elaboración Metódica en la Historiografía*, ed. Hans-Jürgen Prien. Iberoamericana.

_____ (1981). *A History of the Church in Latin America: From Colonialism to Liberation (1492-1979)*. Eerdmans.

_____ (1974). *The History of the Church in Latin America: an Interpretation*. Mexican American Cultural Center.

_____ (1983). *Historia de la Iglesia en América Latina: Coloniaje y Liberación 1492-1983*. Editorial Mundo Negro.

_____ (1995). *The Invention of the Americas: Eclipse of "the Other" and the Myth of Modernity*. Continuum.

_____ (1998). "Historia del fenómeno religioso en América Latina," Universidad Autónoma de México, http://www.enriquedussel.com/DVD%20Obras%20Enrique%20Dussel/Textos/c/302.1998/articulo.pdf.

_____ (2008). "Meditaciones Anti-Cartesianas: Sobre El Origen Del Anti-Discurso Filosófico En La Modernidad," *Tabula Rasa*, no. 9 (July 2008): 153–97.

_____ (2004). "Transmodernidad e Interculturalidad." https://enri-quedussel.com/txt/Textos_Articulos/347.2004_espa.pdf.

Escobar, S. (2013). *En Busca De Cristo En América Latina*. Ediciones Kairos.

Escobar, S.J. (1994). "The Church in Latin America after Five Hundred Years: An Evangelical Missiological Perspective," en *New Face of the Church in Latin American: Between Tradition and Change*, ed. por Guillermo Cook. Orbis Books.

Espinosa, G. (2004). "The Pentecostalization of Latin American and U.S. Latino Christianity." *Pneuma* 26, no. 2, 2004: 262-292. ATLA Religion Database with ATLASerials, EBSCOhost.

FMM Educación, *Eva Perón, una de las mujeres más famosas del mundo*. FMM Education. www.fmmeducacion.com.ar.

García-Johnson, O. (2016). "Paradigmas Anti-Transformadores de La Iglesia Latina," in *La Iglesia Evangélica Hispana En Los Estados Unidos: Historia, Ministerios y Desafíos*, ed. Samuel Pagán. National Hispanic Christian Leadership Conference.

_____ (2020). "Faith Seeking for Land: A Theology of the Land*less*" in *Theologies of Land: Contested Land, Spatial Justice, and Identity*. Eds., K. K. Yeo and Gene L. Green. Cascade Books.

_____ (2019). *Spirit Outside the Gate: Decolonial Pneumatologies of the American Global South*. IVP Academic.

González, J.L. (2014). *Breve Historia de las Doctrinas Cristianas*. Abingdon Press.

_____ (1994). *Historia Del Cristianismo*, 2 vols., vol. 2. Editorial Unilit.

_____ (1997). "In Quest of a Protestant Hispanic Ecclesiology," in *Teología En Conjunto: A Collaborative Hispanic Protestant Theology*, ed. José David Rodríguez and Loida I. Martell-Otero. Westminister John Knox Press.

_____ (2013). *Introducción a la Teología Mestiza de San Agustín*. Abingdon Press.

_____ (2006). *Teología liberadora: Enfoque desde la opresión en una tierra extraña*. Ediciones Kairós.

Gregorio de Nacianceno *Ep.* 101, 32: *SC* 208, 50.

Grosfoguel, R. (2013). "The Structure of Knowledge in Westernized Universities: Epistemic Racism/Sexism and the Four Genocides/Epistemicides of the Long 16th Century." Pp. 73-90 in *Conversa-*

tions with Enrique Dussel on Anti-Cartesian Decoloniality & Pluriversal Transmodernity. Human Architecture: Journal of the Sociology of Self-Knowledge: Volume XI, Issue 1, 2013. Okcir Press.

Grupo de Estudio Sobre Colonialidad. "Modernidad/Colonialidad/Descolonialidad: Aclaraciones Y Réplicas Desde Un Proyecto Espitémico En El Horizonte Del Bicentenario," in *Pacarina del Sur: Revista del Pensamiento Crítico Latinoamericano* (11/20 2016), accessed 12/16/2016. http://www.pacarinadelsur.com/home/abordajes-y-contiendas/108-modernidad--colonialidad--descolonialidad-aclaraciones-y-replicas-desde-un-proyecto-epistemico-en-el-horizonte-del-bicentenario.

Gutiérrez, G. (1990). *Dios o el Oro en las Indias*. Instituto Bartolomé de las Casas.

Hanke, L. (1974). *All Mankind is One: A Study of the Disputation Between Bartolome de las Casas and Juan Gines de Sepulveda on the Religious and Intelectual Capacity of the American Indians*. Northern Illinois University Press.

Hansen, D. (2013). "Opinion | Mahalia Jackson, and King's Improvisation (Published 2013)," *The New York Times*, August 28, 2013, sec. Opinion. https://www.nytimes.com/2013/08/28/opinion/mahalia-jackson-and-kings-rhetorical-improvisation.html.

Harari, Y.N. (2014). *Sapiens. De animales a dioses: Una breve historia de la humanidad*. DEBATE.

Hernández, C. (2020). "La Interesante Historia de Amor de la Niña de Guatemala." https://forum.com.gt/posts/la-interesante-historia-de-amor-de-la-nina-de-guatemala.

Hidalgo, J.M. (2016). *Revelation in Aztlán: Scriptures, Utopias, and the Chicano Movement*. The Bible and Cultural Studies. Palgrave Macmillan.

Hinkelammert, F.J. (1978). *Las Armas Ideológicas De La Muerte*. Ediciones Sígueme.

Katznelson, I. (2017). "What America Taught the Nazis," The Atlantic, October 3, 2017. https://www.theatlantic.com/magazine/archive/2017/11/what-america-taught-the-nazis/540630/.

La Fuente Ministries, *1.17.21 Servicio de Adoración | Worship Service*, 2021. https://www.youtube.com/watch?v=clg5jLZJeEQ.

Lafourcade, E. (1969). *La Fiesta del Rey Acab*. Monteávila.

Lores, R. (1987). "El Destino Manifiesto y la Empresa Misionera," *Vida y Pensamiento 7*, nos. 1 y 2.

Lucentini, P. Editor. (2000). *El libro de los veinticuatro filósofos*, Cristina Serna and Jaume Pòrtulas, Translators. 1st edition. Siruela.

Korpel, M.C.A., y de Moor, J.C. (2011). *The Silent God.* Brill.

Mackay, J. (1933). *El Otro Cristo Español.* The MacMillan Company.

Mackey, J.A. (1933). *The Other Spanish Christ: A Study in the Spiritual History of Spain and South America.* The Macmillan Company.

Martell-Otero, L.I., Perez, Z.M., y Conde-Frazier, E. (2013). *Latina Evangelicas: A Theological Survey from the Margins.* Cascade Books.

Martí, J. (2005). *Nuestra América.* Fundación Biblioteca Ayacucho.

Martínez, J.F. (2017). *Latinos Protestantes: Historia, Presente y Futuro en los Estados Unidos.* Publicaciones Kerigma.

_____ (2011). *Los Protestantes: An Introduction to Latino Protestantism in the United States.* Praeger.

Maurer, N. y Yu, C. (2011). *The Big Ditch: How America Took, Built, Ran and Ultimately Gave Away the Panama Canal.* Princeton University Press.

Mignolo, W. (2007). *La Idea de América Latina: La Herida Colonial y la Opción Decolonial*, 1a. ed., Biblioteca Iberoamericana De Pensamiento. Gedisa Editorial.

_____ (2005). *Idea of Latin America.* Blackbell.

_____ (1998). "Postoccidentalismo: el argumento desde América Latina." https://perio.unlp.edu.ar/catedras/comunicacionyrecepcion/wp-content/uploads/sites/135/2020/05/mignolo._postoccidentalismo.pdf.

Muller, R.A. (1993). *Dictionary of Latin Theological Terms: Drawn Principally from Protestant Scholastic Theology.* Baker.

Nelson, W. y Kessler, J. (1978). "The Panama Congress of 1916 and Its Impact on Protestantism in Latin America," *Evangelical Review of Theology* 2.1 (April 1978): 41-58.

O. Henry, *Cabbage and Kings.* (1915). Doubleday.

Padilla, C.R. (2012). *Misión Integral: Ensayos Sobre El Reino De Dios Y La Iglesia.* Ediciones Kairos.

Pagán. S. (2016). *La Iglesia Evangélica Hispana En Los Estados Unidos: Historia, Ministerios y Desafíos.* National Hispanic Christian Leadership Conference.

Paz, O. (2004). *El Laberinto de la Soledad*. Fondo de Cultura Económica.

Pérez-Torres, R. (1997). "Refiguring Aztlan." *Aztlan* 22, no. 2

Pew Research Center (2014). "The Shifting Religious Identity of Latinos in the United States," *Pew Research: Hispanic Trends Project*, Mayo 7, 2014. https://www.pewforum.org/2014/05/07/the-shifting-religious-identity-of-latinos-in-the-united-states/.

Prien, Hans-Jürgen, ed. (1998). *Religiosidad e Historiografía: La Irrupción del Pluralismo Religioso en América Latina y su Elaboración Metódica en la Historiografía*. Iberoamericana.

Quijano, A. y Wallerstein, I. (1992). "Americanity as a Concept, or the Americas in the Modern World-System," *International Social Science Journal*, No. 134 (Nov. 1992): 549-557.

Quijano, A. (2014). *Colonialidad del Poder, Eurocentrismo y América Latina*," en *Cuestiones y Horizontes: de la Dependencia Histórico-Estructural a la Colonialidad/Descolonialidad del Poder*. CLACSO. http://biblioteca.clacso.edu.ar/clacso/se/20140507042402/eje3-8.pdf

Rivera Pagán, L.N. (1991). *Evangelización Y Violencia: La Conquista De América*. Editorial Cemi.

Rodríguez, J.D. y Martell-Otero, L.I. (1997). *Teología En Conjunto: A Collaborative Hispanic Protestant Theology*. Westminister John Knox Press.

Salinas. D. (2018). *Teología Con Alma Latina: Pensamiento Evangélico En El Siglo XX*. Ediciones Puma.

San Anselmo, S. (1952). *Obras completas de San Anselmo. I*, trans. Julián Alameda, 1st edition. Biblioteca Autores Cristianos.

Sánchez, T.G. (2016). "Incidencia Del Congreso de Panamá En Las Sociedades Latinoamericanas: 1916-1920," in *Panamá 1916: Implicaciones y Desafíos Para La Misión En El Contexto*. Fraternidad Teológica Latinoamericana – Consulta Norte América.

Santos, B. (2020). "Fascismo 2.0: Un Curso Intensivo," *Instituto Latinoamericano para una Sociedad y un Derecho Alternativos,* December 2, 2020. https://ilsa.org.co/2020/12/02/fascismo-2-0-curso-intensivo-boaventura-de-sousa-santos/.

_____ (2019). *El Fin del Imperio Cognitivo: La Afirmación de las Epistemologías del Sur*. Editorial Trotta.

_____ (2014). *Epistemologías del Sur*. Akal.

_____ (2014). *Epistemologies of the South: Justice Against Epistemicide*, 1 edition. Routledge.

Sarmiento, D.F. (1916). *Facundo: Civilización y Barbarie*. Librería de la Facultad de J. Roldán.

Sepúlveda, J.G. (1547). *Demócrates Secundus*.

Sinclair, J.H. y Solano, A.P. (1999). "The Dawn of Ecumenism in Latin America: Robert E. Speer, Presbyterians, and the Panama Conference of 1916," *The Journal of Presbyterian History (1997-)*, Vol. 77, No. 1 (Spring 1999): 4-5. http://www.jstor.org/stable/23335251.

Socolow, S.M. (2015). *The Women of Colonial Latin América*. Cambridge University Press.

Sotomayor, J. V. (2001). *El Perú en los Tiempos Antiguos*. Empresa Periodística Nacional.

Souter, A. (1920). *A Pocket Lexicon to the Greek New Testament*. Clarendon Press.

Stackelberg, R. (1994). *The Nazi Connection: Eugenics, American Racism, and German National Socialism*. Oxford University Press.

Stam, J. (2006). *Haciendo Teología en América Latina*, vol. 1. Universidad Bíblica Latinoamericana.

Stanjnfeld, S. (2014). Rizomas y árboles en "El jardín de senderos que se bifurcan" de Jorge Luis Borges (1941). http://ri.uaemex.mx/handle/20.500.11799/69191.

Strong, J. (1885). *Our Country*. The Baker and Taylor Company.

Támez, E. "Tamez. Quetzalcoatl. Alianza y Lucha de Dioses | Fe | Azteca." https://es.scribd.com/document/280545239/Tamez-quetzalcoatl-alianza-y-Lucha-de-Dioses.

Taylor, C. (2003). *Modern Social Imaginaries*. Duke University Press Books.

de Torquemada, F.J. (1978). *Monarquía Indiana*. Universidad Nacional Autónoma de México.

Toulmin, S. (1992). *Cosmopolis: The Hidden Agenda of Modernity*. The University of Chicago Press.

Vasconcelos, J. (1948). *La Raza Cósmica: Misión de la Raza Iberoamericana*. Espasa-Calpe.

Villafañe, E. (2012). *Introducción Al Pentecostalismo: Manda Fuego, Señor*. Abingdon Press.

Whitman, J.Q. (2017). *Hitler's American Model: The United States and the Making of Nazi Race Law.* Princeton University Press.

Yeo, K.K. and Green, G.L. (2020). *Theologies of Land: Contested Land, Spatial Justice, and Identity.* Wipf and Stock Publishers.

Yong, A. (2006). *Spirit-Word-Community: Theological Hermeneutics in Trinitarian Perspective.* Wipf and Stock.